MEMÓRIAS DO ASSASSINO DE SISSI

História de um Menino Abandonado no Fim do Século XIX Contada por Ele Mesmo

Precedidas e seguidas por

A História do Assassino de Elisabeth (chamada Sissi), Imperatriz da Áustria e Rainha da Hungria

Relatada por
Santo Cappon

Luigi Lucheni

MEMÓRIAS DO ASSASSINO DE SISSI

HISTÓRIA DE UM MENINO ABANDONADO NO FIM DO SÉCULO XIX CONTADA POR ELE MESMO

Precedidas e seguidas por
A História do Assassino de Elisabeth (chamada Sissi), imperatriz da Áustria e rainha da Hungria

Relatada por Santo Cappon

Tradução: Ana Luiza Ramazzina Ghirardi

Editora Novo Conceito

Título original: "Mémoires de l'assassin de Sissi – Histoire d'um enfant abandonné à la fin du xix siècle racontée par lui-même" (Luigi Lucheni) précédeé et suivi de "L'histoire de l'assassin d'Élisabeth, dite Sissi, impératrice d'Autriche et reine de Hongrie", par Santo Cappon

Editora: Bete Abreu
Assistente Editorial: Monika Kratzer
Tradução: Ana Luiza Ramazzina Ghirardi
Preparação de Texto: Maria Alexandra Orsi Cardoso Almeida
Revisão de Texto: Carmen Olivieri e Isney Savoy
Crédito das Fotos: Thierry Orban/Sygma
Diagramação e composição: Triall Composição Editorial Ltda.

Dados Internacionais de Catalogação na Publicação (CIP)
(Câmara Brasileira do Livro, SP, Brasil)

Lucheni, Luigi, 1873-1910.
Memórias do assassino de Sissi : história de um menino abandonado no fim do Século XIX contada por ele mesmo : precedidas e seguidas por a história do assassino de Elisabeth (chamada Sissi), imperatriz da Áustria e rainha da Hungria relatada por Santo Cappon / Luigi Lucheni ; tradução Ana Luiza Ramazzina Ghirardi. — São Paulo : Novo Conceito Editora, 2007.

Título original: Mémoires de l`assassin de Sissi
Bibliografia

1. Assassinatos em série 2. Lucheni, Luigi, 1873-1910
I. Título. II. Título: A história do assassino de Elisabeth (chamada Sissi), imperatriz da Áustria e rainha da Hungria.

07-0268 CDD-364.1523092

Índices para catálogo sistemático:

1. Assassinos em série : Criminologia : Biografia
364.1523092

Editora Novo Conceito
Rua Marquês de Itu, 408 – 5º and. – Cj. 55 – V. Buarque
01223-000 – São Paulo – SP
www.editoranovoconceito.com.br

Pois é a lei do ser no qual o espírito se acende,
Ir em direção daquele que foge e daquele que cala.

VICTOR HUGO, *A Coruja,*
(*Deus/Obras Póstumas*, 1891)

Sumário

Reaparecimento das Memórias

12 de setembro de 1937. Morre o antigo diretor da prisão da diocese, Jean Fernex. Em 1938, meu pai, que passa metade de seu tempo entre Zurique e Genebra, entra, fortuitamente, em contato com alguém que lhe propõe um negócio: a aquisição de um antigo e volumoso estoque de papelaria, incluindo um número impressionante de antigos cartões-postais e de selos genebrinos. Ele se mostra, de fato, indeciso: seu interesse pende mais para a filatelia e os documentos antigos.

— Talvez tenha aqui algo que possa ajudá-lo a tomar uma decisão...

A mulher exibe, então, cinco velhos cadernos azuis e também um livro com capa ilustrada.

— Sou filha do antigo carceireiro-chefe da prisão da diocese. Meu pai encontrou esses documentos na cela de Luigi Lucheni, após a sua morte. Lucheni, o senhor bem sabe, foi o assassino da imperatriz da Áustria!

Incrédulo, meu pai folheia o calhamaço e, provavelmente, se dá conta imediatamente da autenticidade do material.

— Como seu pai pôde, legitimamente, ficar com isso? — inquieta-se.

— Ah!... O senhor sabe, após o suicídio daquele assassino ignóbil, todos tinham pressa em lançá-lo no esquecimento e em fazer desaparecer, o mais rápido possível, os rastros de sua existência. Meu pai, entretanto, pensou em guardar essas poucas lembranças.

Convencido pelos argumentos daquela senhora, mas sem avaliar corretamente a importância que esses papéis poderiam ter, adquiriu o lote proposto. A "cereja em cima do bolo" foi, entretanto, guardada na gaveta; não tendo meu pai interesse particular em negociar o que, a seu ver, não representava mais do que uma curiosidade.

É em 1963, ao organizar os arquivos de meu pai, que começara a envelhecer e aceitara minha ajuda, que os documentos da prisão da diocese caem em minhas mãos. Imediatamente convencido de sua importância e da necessidade de estudá-los, proponho-me a cuidar deles.

— Que não se diga que meu filho se ocupa de um assassino!

Assim é o veredicto paterno. O anonimato da gaveta permanece até 1991, ano em que meu pai morre, aos cento e três anos!

Minha preocupação era não só a de preservar o que pertence à história, mas, também, a de estudar os documentos. Decido-me então a reconstituir, de modo relativamente científico, as circunstâncias do desaparecimento desses documentos durante tantos anos. Faço-o por uma simples razão: como puderam ter sido subtraídos ao arquivo público da prisão, quando as menções impressas nos cadernos especificavam sua intangibilidade? Essa pergunta me incomoda tanto quanto o perfil singularmente humano revelado por sua leitura. O "monstro" descrito na época não era, na verdade, monstro algum. As três primeiras páginas da seqüência das *Memórias*, intitulada "Minhas lembranças da juventude", deviam, sem dúvida nenhuma, anunciar uma narrativa nova, de densidade e riqueza iguais às que a precediam. Ora, essas três primeiras páginas foram arrancadas, conforme atestava a numeração das páginas seguintes. Quiseram interromper o arrebatamento de Lucheni e propor, apesar de tudo, uma história acabada, ou seja, mais facilmente "aceitável"?

Posso consultar os registros da antiga prisão da diocese, agora acessíveis ao público, e os Arquivos de Estado do cantão de Genebra.

Os relatos jornalísticos do diretor Perrin e posteriormente do diretor Fernex indicam, a princípio, que, de 1902 a 1909, Lucheni teve na prisão uma conduta exemplar. Isso significa que durante sete anos (dos doze que passou encarcerado), ele tinha encontrado ali uma razão para viver: instruir-se para poder dar seu testemunho.

Mas, após a famosa revolta de 1909, Lucheni passou a ser descrito como um animal enfurecido.

Partindo daí, foi-me fácil fazer coincidir esse cataclismo com o desaparecimento simultâneo das *Memórias*. As anotações de 3 de maio de 1909, registradas pelo diretor Fernex no seu "Relatório diário", não deixam nenhuma dúvida quanto a isso: "Lucheni reclama de que quatro ou cinco cadernos sumiram, etc.". Desde então, a revolta acompanhará sempre esse homem que não se restabelecerá mais e que morrerá em circunstâncias perturbadoras...

A conclusão a tirar, no que diz respeito ao desaparecimento dos cadernos e do almanaque, é, assim, bastante simples: o carcereiro-chefe Depierraz os roubou, sem dúvida, naquele momento — e não os "encontrou" posteriormente, como dizia sua filha. A má-fé desse empregado aparece, assim, claramente, quando Fernex registra: "O guarda Lée e o carcereiro-chefe Depierraz declaram não ter visto esses cadernos". Teria Lée sido cúmplice desse roubo? É bem possível, já que, em sua condição de guarda responsável pela pessoa e pela cela de Lucheni, ele não poderia, logicamente, ter ignorado a existência desses documentos. Quanto ao diretor Fernex, ele pode ter, de algum modo, acobertado o furto — minimizando o fato, não sendo severo face à negligência dos guardas, e ocultando sistematicamente os reais motivos de um prisioneiro subitamente revoltado, que ele queria, a partir de então, fazer passar por louco.

Santo Cappon

Prólogo

Genebra, 10 de setembro de 1898. Os castanheiros, novamente em flor, dão ar de primavera a essa meia-estação tão quente. Mormaço e águas preguiçosas surpreendem o fim do lago.

Mas, contra a corrente dessa paisagem tranqüila, dois destinos vão se chocar. Aqui, em um instante, as desigualdades, as contradições e os desequilíbrios dessa Europa de fim-de-século vão encontrar uma forma de despojamento que abalará o mundo civilizado. No espaço de uma tarde, a História vai colocar em cena dois centros de gravidade incontroláveis: o italiano Luigi Lucheni assassina Elisabeth, imperatriz da Áustria e rainha da Hungria.

A longa odisséia da dama de preto passa por essa cidade, onde irá ficar por vinte e quatro horas — incógnita e com um séqüito reduzido. Após ter sido convidada para a propriedade dos Rothschild em Pregny, e após uma noite no hotel Beau-Rivage, a imperatriz decide voltar de barco para Territet, de onde viera. No curto trajeto até a plataforma onde vai embarcar, o homem que a espiona vai se precipitar sobre ela e traspassar seu coração com uma rapidez e uma violência inacreditáveis. Enquanto ele foge, ela se levanta, arruma a opulenta cabeleira, apressa o passo para subir a bordo do navio que levanta âncora imediatamente. A poucos metros da margem, a imperatriz perde a consciência enquanto o barco faz meia-volta.

Na perspectiva de uma época em que os governantes caíam, às vezes, sob breves assaltos da anarquia, o esquema aqui oferecido varia um pouco. Os papéis parecem ter sido distribuídos como de costume, não fosse a circunstância de, pela primeira vez, a vítima ser uma mulher, fato que cativaria, rapidamente, o imaginário popular.

Com o tempo, alguns historiadores irão enfatizar o fato de que Elisabeth participara muito pouco do bom funcionamento das instituições criadas pelo poder. Ela desejava, bem ao contrário, o fim das monarquias, que julgava totalmente anacrônicas, enquanto se mostrava, paralelamente, sempre sensível à sorte dos menos favorecidos.

Só bem mais tarde, em pleno século XX, de maneira póstuma, conseguiremos suas confissões poéticas, permitindo medir a amplidão da contradição viva encarnada, até a morte, por essa mulher: foi ela a verdadeira libertária!

Todos sabiam de sua resistência ao papel representativo que devia desempenhar, tanto que sempre contrariara a estratégia conjugal de seu esposo, Francisco José. Mas quem poderia imaginar que, um dia, ela iria legar as rendas potenciais ligadas à publicação póstuma de seus poemas às crianças vítimas da monarquia austro-húngara?!

Seria ao menos seu assassino aquele que se imaginava que ele fosse? Aparentemente sim. Mas veremos que ele também irá embaralhar as cartas para dar a seu ato criminoso uma dimensão insuspeita.

Não tinha ele anunciado, desde sua detenção e a quem quisesse ouvi-lo: "Viva a Anarquia, abaixo os aristocratas!"? Difícil contestá-lo.

O estudo atento de sua vida na prisão e, sobretudo, o desaparecimento cheio de conseqüências, seguido do perturbador reaparecimento de... suas Memórias *inéditas (cinco cadernos da antiga prisão penitenciária diocesana em Genebra, mais um almanaque) jogam uma luz absolutamente nova sobre uma história de que se pensava tudo conhecer...*

S.C.

A Passagem

Após incessantes peregrinações, um homenzinho decide, em 1894 — aos vinte e um anos de idade —, mudar o curso de sua existência. Ele aspira à estabilidade, após uma vida difícil e incerta. Vive há seis meses na Hungria e pena bastante em trabalhos temporários: é o responsável por manobrar os trens em uma estrada de ferro. Alguns pequenos trabalhos, aqui e ali, o mantêm em um nomadismo sem trégua, reconduzido e alimentado por alguns centavos.

— Gostaria de fazer meu serviço militar, tornar-me homem!

Difícil, entretanto, interpretar de modo convincente o papel de aspirante-patriota quando se é apenas um vagabundo na cidade grande. A primeira virtude cívica reside, então, em um homem dispor de meios de que se possa valer. Ele o descobre de forma amarga. Solicitado por ele duas vezes, o cônsul italiano de Rijeka coloca na prisão, por quatro dias, seu compatriota, o denominado Luigi Lucheni. Mesma tentativa em Trieste e reação idêntica de outro cônsul italiano: cinco dias no escuro. A passagem pela Itália se mostra igual, algemas húngaras nas mãos no princípio, com algemas italianas na chegada. As prisões de Udine, de Veneza e de Bolonha acolhem sucessivamente esse homem ávido por serviço militar.

Em Parma, sua pátria de origem, a liberdade reconquistada toma a cor do uniforme tão desejado, o do regimento.

Três anos e meio de serviço militar... A partir de 1894, passa a fazer parte do 13º regimento de cavalaria de Montferrato em Nápoles: para começar, dois anos de imersão em um meio viril em que o uniforme nivela a todos. Há severidade, claro, e muita. Mas isso lhe convém, pois a justiça está presente. E os cavalos, de que aprende a gostar, nunca lhe dão problemas. A corda bamba logo não tem segredos para aquele que encontra ali, finalmente, um mundo estruturado, organizado, orientado a partir do interior, sem aparências enganadoras e pleno dessa vida verdadeira que ele nunca antes encontrara.

Na primavera de 1896, Lucheni é transferido para Massawa, na Eritréia, cidade etíope ocupada pela Itália desde 1885 e que tinha sido a base para a conquista desse país que se tornara, em 11 de janeiro de 1890, colônia italiana. Em 1º de março de 1896, porém, os italianos foram derrotados em Adowa. No comando de 200.000 homens, o imperador Menelik da Etiópia venceu o general Baratieri que comandava apenas 60.000 homens, dos quais 9.000 morreram.

Lucheni chega após o fim das hostilidades. Acostuma-se aos rigores ligados à sua nova condição. Somente duas punições durante os seis meses de sua estadia africana: uma de cinco dias de prisão por uma disputa com um camarada em uma história envolvendo algum desentendimento sobre aveia; outra, de dez dias mais a perda de seus galões de primeiro-soldado, por ter prestado serviço a um oficial em prisão. Mas isso não afeta em nada a estima que seus chefes lhe manifestam. Prova disso são a condecoração que lhe é atribuída em 22 de outubro de 1896 a título das campanhas da África (1895-1896) e o atestado, em forma de diploma, assinado pelo ministro da Guerra, confirmando que ele preenchera todas as condições para receber tal distinção. Ele jamais se separará desse documento.

De volta a Nápoles, Lucheni fica durante dez meses no esquadrão do capitão e conde R. de Vera d'Aragona. De 1º de dezembro de 1896 a 3 de outubro de 1897, seu novo chefe o considera o melhor soldado do esquadrão: "Ele se mostra sempre disciplinado e solícito a todas as exigências do serviço. Monta bem a cavalo, é muito bom fuzileiro e, por sua inteligência e submissão, é especialmente utilizado nas patrulhas, e com os melhores resultados".

Alguns meses antes de se desligar do Exército, Lucheni encontra razão para esperar a gratidão do Estado italiano em relação a antigos soldados. Seus três anos e meio de regimento lhe dão, com efeito, direito a solicitar um emprego no governo. Conseqüentemente, ele faz um pedido, em papel timbrado, para se tornar, conforme espera, guarda de prisão. O tributo que pagou à pátria o fez quase esquecer todos os anos de vagabundagem, de precariedade e de reprovação social. Tornando-se guarda de prisão, ele já se via instalado à sombra daquela justiça que ele coloca no centro de suas preocupações e que só pode emanar de um poder conseqüente e coerente. Não recebendo resposta, renova seu pedido uma segunda e, depois, uma terceira vez. A cada tentativa, novo papel timbrado. Para comprá-lo é preciso se privar até de tabaco. Nenhuma resposta.

"Que ingratidão!", pensa.

Após ter servido em Nápoles sob as ordens do conde, ele é transferido para Caserte, até dar baixa do Exército em dezembro de 1897.

Nessa época, o ex-capitão torna-se, novamente, conde napolitano e engaja Lucheni para seu serviço pessoal. Tudo iria bem, não fosse o orgulho desconfiado do ex-pária social que não consegue se recuperar. As desigualdades gritantes e a tomada súbita de consciência do abismo que o separa definitivamente das garantias sociais criam uma armadilha para ele mesmo e os outros. Ele gostaria, de fato, de obedecer antes e em todas as coisas a seu capitão, mas, conforme pensa, o senhor conde terminará por humilhá-lo; o fato é que ele não suporta por muito tempo essa nova relação de forças. A limpeza do soldado e do cavalo, ele pode entender; mas a das colheres de ouro e dos bibelôs da sala, isso ele não entende.

Em 31 de março de 1898 decide deixar o emprego. O pretexto alegado é uma simples permissão não concedida.

Embarca então para Gênova, a bordo de um vapor. De Gênova, vai para Menton, depois Vintemilha. Mas, não tendo mais dinheiro para o trem, vai a pé até Turim, onde passa alguns dias em um albergue noturno, antes de continuar em direção à Suíça...

Em abril de 1898, Lucheni se apressa em passar o desfiladeiro do Grande São Bernardo, sempre a pé. A estação ainda está fria e é preciso apressar o passo. Os lindos valezinhos do vale de Aosta, agora, ficaram para trás e a paisagem se torna cada vez mais fresca conforme ele vai subindo. O frio, particularmente forte, não parece agredir seu rosto curtido, bronzeado, característico daqueles que trabalharam toda uma vida ao ar livre. O viajante é um homem atarracado, robusto, cuja cabeça repousa em uma forte nuca; o pescoço é largo, e as jugulares estão ressaltadas, inchadas com o esforço, também este um traço típico daqueles que, desde a mais tenra infância, acostumaram-se a trabalhar fisicamente e a carregar pesadas cargas. Um cajado na mão, ele se pôs na estrada coberta de neve como esses viajantes que, por uma razão ou outra, de um lado ou de outro, decidem mudar o rumo do destino virando a página e as costas a um país. A silhueta do andarilho não evoca, é verdade, nem Aníbal, nem Carlos Magno, nem, mais próximo de nós, Francisco I ou Bonaparte; personalidades que, ao passarem por ali, modificaram a História. E, no entanto, essa travessia solitária poderia, de novo, significar um desafio.

Os olhos cinza-esverdeados, brilhantes e muito vivos, o olhar fixo marcado pela fronte poderosa parecem trair pensamentos intensos. Ao chegar ao topo do desfiladeiro, ele se volta uma última vez para essa Itália que resolveu abandonar. Sentado em uma pedra, tira do bolso um caderno de notas já aberto na primeira página. Ele tem as orelhas e o olho esquerdo levemente congestionados. Com o rosto vermelho, começa a tremer visivelmente. Sente até um choque na nuca, como uma pancada. Seus lábios largos se contraem enquanto ele lança um último olhar ao próprio passado. Depois, a lápis, rabisca algumas palavras: "Pátria ingrata pátria, nunca terás meus ossos!".

Ele se compara a Cipião, o Africano, que fora obrigado, apesar de seu valor e da dívida que Roma tinha com ele, a deixar o solo natal para se exilar. Ele se considera um desses proscritos que povoam tanto o universo lírico quanto o teatro. Após ter exprimido seu rancor, Cipião foi morrer em Liternum. Talvez nosso escritor solitário tenha também renunciado a viver. Se é esse o caso, é certo que não renunciou a lembrar...

Para evocar o absurdo de seu passado, os olhos de Lucheni se tornam, subitamente, móveis:

— Eis a recompensa por ter querido fazer, voluntariamente, meu serviço militar! Vingar-me do governo, mas como?

Raivosamente, ele rabisca então no caderno de notas o desabafo que inaugura a crônica de seu exílio: "Viva a Anarquia!". Está no ar do tempo, é bom ir contra aquilo que se é, seja por instinto ou por despeito. O verdadeiro sentido dessa palavra importa pouco para quem quer, mais do que qualquer outra coisa, unir-se à multidão dos descontentes.

Sua perambulação de "andarilho desvalido" pela Europa o endureceu, e a outra encosta do desfiladeiro, do lado suíço, logo é atingida.

Ele passa por Martigny, no vale do Reno, e depois por Salvan, onde fica empregado uns vinte dias como pedreiro. Os jornais de Gênova o informam das desordens de Milão e da efervescência do mundo operário transalpino. O movimento ali lhe parece bastante amplo e alguns ornalistas, ocupando postos importantes na imprensa italiana, estão envolvidos: Gustave Chiesi, diretor da *Italia del Popolo*, Romussi, diretor do *Secolo*, e Dom Davide Albertario, redator do *Osservatore Cattolico*. Um antigo estivador e uma ativista russa, também niilista e feminista, estão igualmente implicados. O estado de sítio é, rapidamente, decretado na capital lombarda. Lucheni está em contato com outros italianos residentes na Suíça, que fazem circular entre si artigos redigidos por seus círculos associativos; ele começa a se entusiasmar e cogita mesmo juntar-se àqueles que, em sua companhia nas tavernas, falam em chegar, em massa, à Itália. Mas seu destino está, provavelmente, em outro lugar, já que é para Lausanne que, enfim, ele irá, guiado pelo acaso, nesse mês de maio de 1898.

A Itália em Lausanne

Em 20 de maio de 1898, Lucheni se hospeda na pensão M. Pozzo, no número 17 da rua da Mercerie. O quarto que ocupa é estreito e sujo, com uma mesa e um jarro, um espelho quebrado, uma janela voltada para o pátio e duas camas de ferro. Um tal Sartori é seu companheiro de quarto.

A decoração particularmente modesta dessa hospedagem é comum aos estrangeiros, italianos em sua maioria, que se reúnem nesses alojamentos de condições precárias.

Nessa rua a Itália é vista, por assim dizer, como uma nódoa para a cidade suíça. O nº 5 cantarola o *Café Magonio*, que rege e humaniza a vida social de todos esses transplantados. Prostitutas e cafetões completam o cenário. O jornalista Pinel tem ali a oficina aberta quase em tempo integral, e as prostitutas dessa rua melancólica fizeram dele seu homem de confiança.

O canteiro de obras do Novo Correio, que acaba de contratar Lucheni como servente de pedreiro, é também um ponto de reunião para esses italianos, empurrados pela miséria endêmica de seu país para um status que vai incubar a revolta. O desterro acentua seu sentimento de identidade e teatraliza sua frustração.

Se a Itália está distante, seus perfumes não deixam de estar presentes. Luigi cantarola "O sole mio" para aquela que ele chama de *La Milanaise*, embora Nina Zahler seja, na verdade, valdense.[1] Seu cafetão, Gino Posio, vem de Milão e mora na mesma pensão que Lucheni. Lucheni que

1. Natural de Vaud, cantão suíço (nota da preparação).

aliás é, para a Milanesa, "Napolitano e meio!", tornando-se, desde então, esse o apelido de Luigi, o cantor.

Ele freqüenta assiduamente as reuniões do Exército de Salvação, "sem graça", como ele mesmo diz. As sessões religiosas da sala Valentin, em italiano e em francês, também o atraem quatro vezes por semana. Parece, com efeito, que uma verdadeira busca espiritual mobiliza momentaneamente seu espírito.

Na casa do senhor Pozzo, a vida se desenvolve ao ritmo dessa rua peculiar. A empregada Maria dorme toda noite a um canto da sala de jantar, depois que o último cliente se vai. Lucheni come ali, regularmente, fazendo suas refeições em um clima alegre, do qual participa vivamente. Chega o dia, no entanto, em que mais nenhuma palavra sai de sua boca; ele se torna bruscamente melancólico e, mesmo durante a refeição, mantém-se calado — a tal ponto que sua atitude acaba por chamar a atenção de nosso "estalajadeiro". Estamos em junho e Luigi Lucheni acaba de assistir à conferência de um anarquista.

Após ter escrito no seu diário de bordo: "Viva a Anarquia!", no desfiladeiro do Grande São Bernardo, ocorre o que se chama de uma evolução de idéias... Mas quais idéias, e com que propósito? Quando se participou, como ele, várias vezes, da escolta de honra do rei da Itália, do príncipe de Nápoles ou, ainda, do príncipe de Montenegro, sem nunca objetar nem tentar um único instante agredi-los ou matá-los, pode-se pretender ser anarquista? Quando se tomou, meses antes, a defesa aberta do governo real, indignando-se em Nápoles com o elogio feito ao revolucionário Cavalotti como homem político, pode-se, seriamente, se fazer passar por tal? Seria plausível a hipótese de uma conversão tão repentina quanto fulgurante?

Deve-se reconhecer, falando com objetividade, que nosso homem parece subitamente transformado. Ele freqüenta, agora, cotidianamente, os lugares em que outros italianos se encontram para se ouvir dizer: "Por um centavo você se deixa matar, por que, da sua parte, não tenta matar os Grandes?". Algum tempo depois, um deputado faz, publicamente, alusão aos assentadores de tacos de Lausanne, então em greve, e clama por sua vez: "Em vez de dar ajuda a seus camaradas, vão pegar dinamite!".

Pensamentos graves acometem Luigi, dia após dia. Ele tinha, até então, se insurgido contra aqueles que são governantes, mas que não governam; contra aqueles que se imagina "administrem" tudo, e que se esquivam de sua tarefa. Estranhamente ele consegue, de repente, conciliar seu respeito instintivo pela ordem e pela autoridade ideal, ainda que utópicos, com a necessidade, agora evidente aos seus olhos, de matar a incúria da sociedade, à sombra de um catecismo libertário sem credo verdadeiro! Nenhuma contradição parece agora excessiva para aquele que acredita ter sido, mais do que qualquer outro, vítima da injustiça.

Todos os jornais "progressistas" encontram graça a seus olhos inflamados. *Il Socialista*, de Neuchâtel, *l'Avanti*, de Milão, *le Père Peinard*, *le Libertaire*, *l'Égalité* se instalam no seu cotidiano. Ele dá um pulo a Neuchâtel para assistir a uma reunião de anarquistas italianos, entre os quais figura o redator do *Agitatore*, "camarada G. Colombelli". Os acontecimentos de Milão que, há pouco, não conseguiram levar Lucheni de volta à Itália, inspiraram a publicação do semanal cuja folha é destinada a italianos na Suíça.

A segregação a que estão sujeitos é descrita e condenada aqui, assim como nos boletins das organizações operárias italianas de Lugano, Zurique, Basiléia e Genebra. Eles se insurgem, em particular, contra os retratos caricaturais com que são pintados os proletários transalpinos: eles não são todos ciganos se alimentando de cebolas e de pão, amontoando-se, às vezes, em dez no mesmo quarto? Será que merecem ser chamados "Macaronis" na Suíça francesa, "Tschink" na Suíça alemã, "Crispis" na França? O copo está cheio e a hora é de mobilização.

No dia 18 de agosto, ele entoa cantos anarquistas, na forma de uma antologia intitulada "Cantici anarchici". É preso, mas libertado logo em seguida... Não contente em ler folhas subversivas, ele encontra, desse modo, um meio para ser preso, portador que é de escritos particularmente violentos.

No mesmo dia, o dono da pensão Pozzo cede o lugar de Lucheni na pensão do número 17 da rua da Mercerie para o senhor Henri Matthey. Rapidamente ele percebe a que ponto sua nova tarefa se anuncia penosa: "É um trabalho de cachorro. Todos entram quando querem, não há um quarto fechado à chave. Isso faz com que não se tenha nunca descanso, além do barulho da rua...".

Lucheni envia um bilhete inflamado a um antigo camarada de regimento em Nápoles: "O ideal anarquista faz aqui progressos surpreendentes. Eu lhe peço, faça também seu dever com os camaradas que ainda não estão a par".

— Eu gostaria de matar alguém, mas é necessário que seja um personagem muito conhecido, para que se fale disso nos jornais! — declara ele, um belo dia, a Sartori, seu companheiro de quarto. Ele também participa daquilo que é só um sonho para seus companheiros anarquistas, nos quais ele se inspira cada vez mais. Todos o encorajam o mais que podem, mas teriam, eles mesmos, a coragem de praticar tal ato? "É a hora", pensa. O rei Humberto I,[2] por exemplo, seria um alvo ideal. Encontrada a ocasião, seria possível terminar, desse modo, o trabalho que o cozinheiro Passanante tentara realizar, com as próprias mãos, em novembro de 1878. Em 1897, o anarquista Pietro Acciarito, sempre com uma arma branca, tinha fracassado em seu atentado. Mas Lucheni percebe que não tem dinheiro suficiente para ir à Itália.

Enquanto isso, um conflito estoura em Genebra, na corporação de carpinteiros e marceneiros. A greve, nesse setor, é declarada no dia 9 de julho e depois se espalha por toda a indústria. Em 18 de julho, o Conselho de Estado põe de prontidão um batalhão de elite. No mesmo dia e no dia seguinte, choques se produzem entre os grevistas e o Exército, acompanhados de passeatas e de desordem.

A impressão que prevalece é a de que agitadores estrangeiros tentam explorar a situação a seu favor. Um anarquista atira em policiais. Um círculo italiano é fechado, indivíduos expulsos. Em 22 de julho chega-se a um acordo e a tropa é "desmobilizada" no dia 25. Mas as medidas policiais, motivadas por temor aos anarquistas, são prolongadas.

No Grande Conselho, Gustave Ador interpela o Conselho de Estado e censura-lhe a lentidão em reagir. Alexandre Gavard, presidente do Executivo do Cantão, responde que é impossível distinguir, em uma reunião de operários, os cidadãos nacionais dos estrangeiros.

Ao final do mês de agosto, Lucheni ainda está em Lausanne. O amante protetor de "sua" *Milanaise*, Gino Posio, mora na mesma pensão que ele. Um dia, os dois homens partem para Vevey, onde surge a ocasião para comprar um punhal; o mais barato custa dez francos, contudo, e Lucheni só tem sete.

Entrementes, a alguns quilômetros dali, acompanhada de uma comitiva reduzida, a imperatriz Elisabeth acaba de chegar discretamente em Territet, vinda de Bad Nauheim, via Frankfurt. Essa viagem discreta contrasta singularmente com a que ela fizera para o mesmo local em 1893, quando desembarcara no Grand-Hôtel onde se encontravam: a nata da política internacional, os plantadores de Java, os banqueiros nova-iorquinos, os aristocratas de Londres e de Paris. As valsas vienenses ressoam no Alcazar, o salão de festas do Grand-Hôtel, onde a orques-

2. Exerceu seu reinado na Itália de 1878 a 1900, contemporâneo, portanto, ao crime de Lucheni (nota da preparação).

tra do Kursaal executa, à vezes, até 600 obras por mês! Os soberanos e as cabeças coroadas podem escolher, nesse lugar no auge da moda, sete palácios. Mas, dessa vez, Elisabeth, que fará sessenta e um anos em 24 de dezembro próximo, deseja fugir das ruas onde fervilham as pessoas e prefere, por isso, se instalar no Grand-Hôtel de Caux, em uma travessa.

De volta a Lausanne, onde se encontrava "em licença" por um acidente de trabalho que lhe ferira o dedo indicador direito, é uma lima vulgar de três quinas, triangular, que Lucheni adquire, com a intenção de afiar e guarnecer de um cabo a ser feito por um amigo, o marceneiro Martinelli. Quando sua "licença" acaba, ele retoma o trabalho por alguns dias.

À idéia fixa e assassina que invade, rapidamente, a totalidade de seus pensamentos, o sono das noites oferece um contraponto em que têm direito a existir as viagens, os animais e os poemas que ele gostaria de escrever. Mas ele sonha também com coisas que quer afugentar, mas que *não pode* afugentar...

Todavia, o despertar do dia seguinte dissipa, com freqüência, os traços desses sonhos atormentados. Será que ele ainda domina todos os meandros de sua consciência e os verdadeiros motivos que o impulsionam para a frente?

Ver Genebra...

Segunda-feira, 5 de setembro. Ele deixa, subitamente, a pensão Matthey sem pagar a conta, para um destino que se revela ser Genebra. Essa cidade e esse cantão foram sempre apreciados por nosso homem que já os conhece por ter, um dia, trabalhado na casa do senhor Papis, em Versoix. De Genebra, ele louvará também, mais tarde, "a nobreza"; pois, desde a partida, via esses lugares como "um pedaço de paraíso que os deuses parecem ter esquecido na terra, de propósito, para o dar como exemplo aos outros povos". Mas não é turismo que ele espera fazer ali...

Acompanhada por sua dama de companhia, a condessa Irma Sztaray, Elisabeth parte em excursão por Bex, para admirar os Dents du Midi[3] de um ângulo favorável. Depois, sobe em funicular,[4] no dia 3 de setembro, os Rochedos de Naye, a partir de onde pode contemplar o lago Léman,[5] em uma fase majestosa, que apazigua o grande cansaço que ela sente em viver. É então, à sombra de um bosque, que lhe surge, parece, "a Senhora branca dos Habsburgos". Lembremos que, às vésperas de vários acontecimentos trágicos em sua família, esse espectro macilento, verdadeiro anjo anunciador da morte, teria aparecido aqui e ali, saltando, de pés juntos, por sobre os séculos. Mestre-de-cerimônias para o que parece uma maldição própria aos Habsburgos[6] mas que também

3. Montanhas situadas nos Alpes da Sabóia, entre o norte da Itália e França (nota da preparação).
4. Sistema que utiliza cordas ou cabos para auxiliar a subir e descer fortes declives (nota da revisão).
5. Também denominado lago de Genebra, situa-se entre França e Suiça e é considerado o segundo maior lago da Europa (nota da preparação).
6. Dinastia reinante na Áustria de 1278 a 1918 (nota da preparação).

se abate sobre os Hohenzollern, esse véu vaporoso e premonitório teria precedido catástrofes familiares iminentes. Na vez pregressa, fora um batedor que observara o solene ectoplasma nos abismos de Mayerling, em 29 de janeiro de 1889, quando, então, o arquiduque Rodolfo[7] encontrou a morte. Obstinada pela visão, e conhecendo-lhe o significado, a Imperatriz se confia a Irma.

De volta a Caux ela encontra um convite da baronesa Julie de Rothschild, rogando a Elisabeth ir visitá-la em sua suntuosa propriedade de Pregny, perto de Genebra. Elisabeth pensa aceitar a proposta, pois também ela, há muitos anos, adora Genebra: "É meu lugar de estadia favorito, porque posso andar a meu modo entre pessoas cosmopolitas...". Irma Sztaray tenta dissuadi-la, considerando o funesto presságio. Mas seu desejo intenso de se expor de corpo e alma à força selvagem da natureza e do destino tiram de Elisabeth todo medo real da morte. Ela não fugirá. Ela irá.

Cem anos depois, ainda não se conhece a verdadeira razão que levou Lucheni a escolher Genebra para cenário de seu ato. Assim, especula-se que ele tenha ido ali visando ao príncipe Henri de Orléans, em visita na casa de seu pai, o duque de Chartres, e para "desincumbir-se de sua missão". Mas o príncipe havia deixado Genebra há algum tempo e esse fato era notoriamente conhecido.

Com o espírito em turbilhão, Lucheni perambula por Genebra. Ele veio sozinho? Dispõe de informações "privilegiadas"? Jamais saberemos.

Na manhã de quarta-feira, 7 de setembro, ele embarca para Évian. Ao chegar, procura *La Revue Évian-Programme*, que publica a lista oficial de personalidades presentes de 3 a 5 de setembro nesse lugar de prazeres invadido pela "gentry": muitos de linhagem nobre, é verdade, mas nenhuma cabeça coroada: "Aristocratas, cardeais que pregam a pobreza e que vão a Évian...". Ele pretendia atacar alguém em particular? Não há resposta para essa pergunta. No dia seguinte, quinta-feira, ele toma o barco, novamente, para Genebra, "cidade ideal para encontrar algum rei, alguma autoridade graúda".

A rua do Enfer é uma ruazinha no pé da Vieille-Ville (centro antigo da cidade), entre a rua da Croix-d'Or e a rua do Purgatoire. Há ali algumas casas estreitas e decrépitas, apertadas umas contra as outras; o conjunto dá a impressão de poder desmoronar a qualquer momento.

---

7. Herdeiro do trono e filho de Francisco José e Sissi. As circunstâncias de sua morte constituem um mistério (nota da preparação).

No número 8 se intercala a pensão de "quartos mobiliados" da senhora Seydoux, que mora na sobreloja: uma cozinha e um quarto, com mais dois andares para seus locatários. Na casa paira um odor insistente de detritos. A dona é uma cinqüentona vaidosa que abriga em sua pensão estrangeiros pouco exigentes, já que não se trata de quartos, mas de camas acessíveis ao preço de 40 centavos a noite. Quando se está disposto a dividi-las com uma outra pessoa, não custa mais que 30 centavos; além disso, os hóspedes devem deixar seus quartos livres das 8 horas da manhã às 8 horas da noite.

A senhora Seydoux despreza os italianos, que considera, como um todo, mentirosos. Ela tem, aliás, muitas histórias deles para contar, "que você não vais acreditar"... Todos seus locatários devem, normalmente, figurar no registro, mas — o que você quer? — uma "omissão" é sempre possível, pois mais vale ter um locatário sem documentos do que não ter nenhum locatário.

Nessa quinta-feira, 8 de setembro, Lucheni se apresenta nessa pensão com um jovem falante de italiano como ele. Eles vão alugar uma cama para dois.

Com o nariz ao vento e o espírito à espera, Lucheni circula por Genebra, entre a quinta-feira dia 8 e a sexta-feira dia 9 de setembro, "procurando trabalho" e "esperando".

Nesse mesmo 9 de setembro, de manhã, Elisabeth toma discretamente o barco para Genebra, em companhia de Irma Sztaray. O dia está radiante, e o Léman flui, na amplidão de suas águas, em direção ao estrangulamento final do qual emergirão um rio e uma cidade. As duas senhoras viajam incógnitas e, assim, apenas o secretário da Corte, dr. Kromar, está em Genebra para acolhê-las e preparar a tripulação, colocada à disposição pelos Rothschild, para conduzi-las a Pregny.

A recepção preparada pela baronesa é cuidadosa. Só o número de lacaios com galões de ouro servindo a mesa incomoda Elisabeth, que gostaria de mais simplicidade. A morada suntuosa é um verdadeiro museu, sem falar nos viveiros exóticos e nas estufas de orquídeas que encantam a convidada ilustre. No caminho de volta a Genebra, após três horas de visita, Elisabeth, curiosa e sistematicamente, orienta sua conversação com a condessa de Sztaray para que falem sobre a fé e a morte.

É sob o nome de condessa de Hohenembs que, às 18 horas, ela se hospeda no Grand-Hôtel Beau-Rivage. À noite, ela sai a pé com sua dama de companhia, atravessa a cidade, vai até a praça Bel-Air e o boulevard du Théâtre. Elas se instalam na confeitaria Désarnod e pedem sorvetes.

Por mais que essas duas mulheres tentem viajar incógnitas, não escapa ao confeiteiro que são da mais alta nobreza; e, além disso, um empregado logo lhe revela suas identidades (uma vez que estivera antes em serviço no hotel Beau-Rivage, onde o haviam informado).

Na mesma noite, por volta das 19 horas, o jardineiro municipal Fiani, que trabalha nos canteiros do monumento Brunswick, as viu passar em direção à cidade, estando também informado de suas identidades graças à indiscrição de um cocheiro.

O anúncio oficial da chegada, em Genebra, de Elisabeth só será publicado na *Tribune de Genève* no dia seguinte, de manhã, por volta das 10 horas; mas parece que, desde o dia anterior, o boca a boca e o senso de observação de alguns já substituíra as gazetas. É importante observar que Fiani viu, nesse fim de 9 de setembro, três homens seguindo as duas mulheres que passeavam pela cidade...

Durante todo o dia é possível que Lucheni tenha tirado proveito dos rumores que grassavam na plataforma do Mont-Blanc, onde se encontra o hotel Beau-Rivage. Ele passeara durante todo o dia pela cidade acompanhado, parece, de seu novo amigo da pensão e de um homem de aproximadamente cinqüenta anos, que talvez os tenha encontrado em Genebra para servir de ponte para a ação. Isto não passa, contudo, de uma suposição que, embora corroborada por algumas testemunhas, não poderá, sem dúvida, jamais ser confirmada.

De volta ao hotel, Elisabeth abre a janela voltada para o parque, gozando de um magnífico luar. A luz intermitente do farol de Pâquis[8] e a voz de um cantor italiano a distraem até que ela adormeça.

Sábado, 10 de setembro: a imperatriz e a condessa saem de novo por volta das 11 horas; visitam, outra vez, várias lojas e, depois de um curto passeio, voltam ao hotel por volta das 13h15. Na rua, um realejo toca trechos de *Carmen*, *Tannhäuser*, *Rigoletto* e *Lohengrin*. Sissi prefere *Tannhäuser*. Pouco antes de entrar, elas param em um último confeiteiro para comprar balas. Irma apressa então Elisabeth porque teme que Sua Majestade chegue atrasada para embarcar no *Genève* às 13h40.

As bagagens já foram levadas a bordo, e Lucheni observou essa operação. Ele está de sentinela na plataforma e deduz naturalmente que Elisabeth vai embarcar no próximo barco para Montreux. Durante todo esse tempo, segundo alguns testemunhos, dois indivíduos, cujo comportamento chama a atenção de um carregador de bagagens, esperam na estação Cornavin; eles parecem nervosos e não param de subir e descer,

8 Refere-se ao nome do próprio "bairro" na cidade de Genebra, com que são denominados diversos pontos importantes nele abrangidos (nota da preparação).

a passos largos, a rua dos Alpes — que desemboca na plataforma próxima ao hotel Beau-Rivage.

Elisabeth e Irma deixam pela última vez o hotel às 13h30. Elas não têm muito tempo e é preciso caminhar rapidamente pela margem do lago, indo a pé pela calçada que leva ao barco. A imperatriz caminha à direita. Quando se aproximam do hotel de la Paix, "um indivíduo, que estava encostado em uma barreira do lago, avança, correndo em direção à imperatriz; abaixa como se quisesse olhar sob sua sombrinha e lhe desfere um golpe certeiro no peito com tamanha rapidez que ninguém percebe uma arma em sua mão; a violência do choque derruba a imperatriz; ajudada pela condessa Sztaray e por um criado, ela se levanta. Em pé, diz preferir andar sozinha e continuar seu caminho até a embarcação; quando sua dama de companhia lhe pergunta se ela está bem, responde: "Não sei, acho que estou com dor no peito". Ao chegar ao barco, Sua Majestade sofre uma síncope, permanecendo alguns minutos desmaiada. Mas ninguém imaginava, a essa altura, a gravidade do fato que acabara de ocorrer e o barco partiu; a imperatriz retomou os sentidos e pronunciou estas palavras: "O que me aconteceu?", e perdeu novamente os sentidos e seu estado se agravou rapidamente; nesse momento o barco tinha deixado a enseada e se encontrava na altura do campo Plantamour em Sécheron; decidiu-se fazer marcha à ré e atracar no cais das Pâquis, o mais perto do hotel Beau-Rivage. O barco atracou. Nesse meio tempo, uma maca tinha sido improvisada, uma espreguiçadeira sustentada por dois ramos. Assim a imperatriz foi transportada até o hotel; alguns minutos depois, ela expirava na presença da condessa Sztaray, da senhora Mayer, diretora do hotel, e do doutor Golay, que fora chamado assim que se viu o barco fazer meia-volta..." (*relatório do procurador-geral*).[9]

Logo após ter ferido Elisabeth, o agressor foge pela rua dos Alpes. Senhor Rouge, agulheiro da Voie Étroite, caminha em sentido inverso quando, na altura do número 5, estica o braço, por reflexo, para barrar a passagem do fugitivo "voando como uma borboleta", que ele julga ser apenas um ladrão. MM. Chammartin, eletricista, Willemin e Fiaux, cocheiros, investem contra ele com força, enquanto o indivíduo se debate. Demonstra bom humor e vai cantarolando enquanto é conduzido ao posto das Pâquis. O policial Kaiser, que estava de serviço no cais às 13h45, ouvira gritar "ladrão, assassino" e soubera que a imperatriz fora apunhalada. Ele acredita ser um simples crime ordinário enquanto

9 Privilegiando essa declaração oficial, com toda a crueza e o laconismo que ela resgata, escolhemos voltar à fonte, oferecendo ao leitor a percepção primeira dos minutos fatais, em cujo relatório se dará oportunidade a arrebatamentos verbais.

conduz ao cárcere, em companhia do brigadeiro Lacroix, aquele que, a seus olhos, não passa, ainda, de um delinqüente comum. Será preciso que, durante o primeiro interrogatório, o telefone toque para que sejam inteirados da morte da imperatriz, enquanto Luigi Lucheni manifesta, com cinismo, a mais profunda satisfação: "Golpeando, senti que a arma penetrava profundamente e que a imperatriz iria morrer...".

A arma? Qual arma ele tinha para brandir já que ninguém a vira, nem mesmo a própria vítima? Duas horas após o crime, o zelador do número 3 da rua dos Alpes acha o objeto jogado por Lucheni e que é apenas aquela lima triangular, dotada de um cabo grosseiro que ele tinha adquirido e depois transformado, com a ajuda de Martinelli, durante sua estadia em Lausanne.

Quando, a bordo do barco, Elisabeth desmaiou, o senhor Gebel cortou, às pressas, seu corpete e constatou uma ferida de apenas um centímetro abaixo do seio esquerdo e que lançara escassas gotas de sangue, visíveis sobre a renda de linho lilás. Elisabeth só retomou brevemente a consciência para assegurar a Irma que estava bem.

No hotel, o doutor Golay faz uma incisão no pulso direito de Elisabeth cujo corpo, inerte, se entorpece para sempre. A autópsia que fará posteriormente o doutor Mégevand vai revelar uma ferida triangular profunda de 85 mm, ocasionada por um instrumento "longo e penetrante" que rompera a quarta costela, perfurando a borda anterior do pulmão esquerdo, rasgando o pericárdio e atravessando, de lado a lado, o ventrículo esquerdo.

Estupor e delírios...

Desde sua prisão, Lucheni vai falar da anarquia. São essas suas primeiras declarações:

Sobre a notícia da morte de Elisabeth: "Melhor assim, fiz meu dever, os outros farão os seus quando for o tempo! Há muitos anarquistas em Lausanne e em Genebra...".

À pergunta "Por que você fugiu?", a resposta: "Não tinha a intenção, como Caserio,[10] de ser linchado pela multidão".

Ou ainda: "O grande Bakunin nos mostrou o caminho. O senhor é um burguês, não pode entender. Acredito na propaganda pela ação; milhares de homens pensam como eu!".

---

10. Anarquista italiano que assassinou o presidente da República Sadi Carnot em Lyon em 1894.

Lamentando sobretudo que a pena de morte não exista mais em Genebra, ele deseja ser extraditado para Lucerne onde ela não foi ainda abolida.

É possível dizer que Lucheni está, então, intimamente dedicado a essa causa? Ele dá a entender que sim e sua determinação não pode ser posta em dúvida.

Uma coisa, entretanto, parece clara: ele não tem mais os pés na terra. Chegado ao termo sangrento de sua revolta, mostra todos os sinais de exaltação próprios daqueles que acabam de ceder a um impulso a fim de deixar o quadro normal da vida.

É fácil imaginar a seqüência dos acontecimentos. A emoção sentida em Genebra, em Viena e em toda parte no mundo terá a dimensão que o destino trágico de uma imperatriz pode inspirar. Em vez de parafrasear a indignação reinante, deixemos a palavra ao imperador Francisco José: "É impossível entender como um homem pôde cometer tal atentado contra uma mulher que, na sua vida, não só não fez mal a ninguém mas fez todo o bem que pôde".

Operários vienenses exclamaram: "Os italianos não se contentam em tomar nosso pão, eles matam também nossa imperatriz!", enquanto um coro de mulheres de Viena clama para Lucheni: "As filhas e as mulheres de Viena o maldizem. Deveriam fazê-lo em pedacinhos!".

Mark Twain, que se encontra na Áustria nesse momento, escreve a um amigo, rev. Jos. H. Twichell, e lhe dirige um artigo intitulado "The Memorable Assassination", que somente será publicado em 1996, na Internet:

"Nem mesmo o assassinato de César poderia, hoje, fascinar tanto o mundo quanto o de Elisabeth... Que tipo de Gênio deu ao mundo esse espetáculo?... Na mais baixa escala humana, sem dons, sem talento, sem educação, sem moral, sem caráter, sem o menor charme congênito, ele venceu, em cinco minutos, todos os políticos, vendedores de caridade, chefes de bandos, campeões ciclistas, desesperados e outros Napoleões!...".

O florilégio estaria incompleto, se não citássemos o Exército de Salvação que se manifesta: "...Não tente mais resolver por sua própria inteligência e por suas próprias forças o grande problema social que já está plenamente resolvido por Jesus Cristo".

A essas reações epidérmicas, que o contexto da época justifica, fazem eco os protestos de uma Suíça ferida na sua soberba:

"Que a Suíça, país de neutralidade e justiça, deixe bem claro: compreendo e admiro a proteção dos animais, mas a dos assassinos, ah, essa não!" (uma jovem genebrina).

Ou ainda: "A Itália pode se perguntar por que se evadem, pouco a pouco, para a Europa, tantas feras!" (um jovem de Berna).

Depois, na tonalidade um pouco excessiva revelada nessa época: "Os miasmas venenosos vão, como por vingança, se propagar até os palácios de mármore...".

O presidente do Grande Conselho de Genebra (parlamento) declara, quando da sessão abreviada de 14 de setembro de 1898: "Uma abominável perversidade acaba de *macular o solo suíço*".

No relatório da sessão de 17 de setembro, no capítulo das propostas individuais, o influente Gustave Ador interpela o Conselho de Estado (Executivo de Genebra):

"... Nossa cidade foi escolhida como campo de extermínio (protestos da esquerda) por algumas seitas anarquistas... Permito-me acreditar que o Conselho de Estado deva expulsar de nosso território, para purificar o solo, todos aqueles que se declaram anarquistas...".

A indignação vai diminuindo, devolvendo às pacíficas costas do lago Léman a sua calma habitual. Na sua crônica em *Au Foyer Romand*, Philippe Monnier vai, em breve, inaugurar seus "votos literários para 1899" com o mesmo tom tranqüilizador que caracteriza esses almanaques que surgem junto à Maison Payot, em Lausanne: "Na Suíça francesa, sentimo-nos protegidos", afirma o autor, antes de acrescentar: "Histórias vilãs acontecem até à beira de nossos lagos... temos nossas paixões e nossas misérias, e, se temos igrejas, temos também hospitais, tribunais e prisões".

À visão do paraíso, o bom filho acrescenta a noção brutal do fato que poderia tudo transformar: "É que a Suíça francesa teve esse ano um fato abominável em seus braços...". Mas a angústia, apenas formulada, logo se viu expulsa, já que, em última instância, "a Suíça francesa é um lindo país!".

O Conselho de Estado decide se reunir em caráter de urgência no domingo, 11 de setembro, para redigir uma proclamação conclamando a população a se manifestar maciçamente, nas ruas, segunda-feira, dia 12, na presença das autoridades e representantes do governo austríaco, em sinal de compaixão pela vítima e de indignação contra o assassino.

O salão da Imperatriz, no hotel Beau-Rivage, foi transformado em câmara-ardente com grandes drapeados pretos e, no centro das duas janelas, o esquife.

A manifestação popular será uma das mais imponentes de que se tem notícia. Uma multidão estimada em 15.000 pessoas se movimenta ao som de "la Clémence", o sino das grandes ocasiões, que a catedral faz soar solenemente até meio-dia. Todas as lojas estão fechadas, incluindo a confeitaria visitada por Elisabeth antes do seu embarque — e que terá, pouco depois, o mau gosto e a idéia macabra de escrever em sua vitrine: *Balas "Elisabeth da Áustria", chocolate e café, os únicos que Sua Majestade comprou alguns minutos antes de morrer...*

Elisabeth é colocada em seu esquife no mesmo dia, à tarde, sob uma avalanche de coroas onde se pode ver a da colônia italiana de Genebra.

Encarcerado desde o dia de seu crime na prisão provisória de Saint-Antoine, Lucheni é submetido a interrogatórios durante os quais não cessa de se pavonear, sem mostrar o mínimo arrependimento. Ele diz ter vindo a Genebra para assassinar o príncipe Henri de Orléans, que já havia deixado a cidade, e que ele resolvera depois, sem a menor incitação ou cumplicidade, improvisar um outro crime. Decidindo-se espontaneamente, como diz, por Elisabeth da Áustria — cuja presença só fora revelada pela imprensa local três horas e meia antes do assassinato —, ele premeditara então o crime como um verdadeiro gênio da improvisação e da precisão.

Foram estes os objetos encontrados em sua posse: um livreto militar, além do famoso "diploma de condecoração", atestando sua carreira exemplar de soldado; um relógio; cinco cartas dirigidas a ele pela família Vera d'Aragona; um hino anarquista com o refrão "Abasso le frontiere" (abaixo as fronteiras) assinado por Louis Louquéni (*sic*) de Parma; algumas citações de Santo Caserio; um boleto de assinatura da revista *l'Agitatore*; a lista dos estrangeiros em Évian; e alguns artigos de jornais.

Na noite de 10 de setembro, alguém lhe enviou, na prisão, uma Bíblia com dedicatória sob medida, na página de rosto: "Non uccidere — Esodo 20-13" (Não matar), e também "E Gesu diceva: Padre, perdona loro... S. Luca 23-24" (E Jesus disse: Pai perdoai-os...). Ele receberá outras, ainda, e pelo menos cinco Bíblias ou antologias piedosas irão abastecer sua cela!

Logo uma grande quantidade de cartas começa a chegar à prisão preventiva de Saint-Antoine. Entre as cartas que o insultam, há uma que se destaca: o remetente, indignado, deu-se ao trabalho de cortar em um jornal a silhueta de Lucheni, colocando em volta do frágil pescoço de papel uma verdadeira corda de enforcamento! As palavras escritas no verso dispensam qualquer comentário: "Olhe-se bem, assassino; olhe, animal imundo e ordinário!".

Infalivelmente, não tardam a surgir, também, as manifestações de apoio. Como essa carta de um admirador comedido que aprova, mas que teria preferido ver Lucheni atacar "essa vaca da Inglaterra, a rainha Vitória", a que manda degolar aqueles bravos bôeres no Transval...[11] Lucheni desfruta, agora, de verdadeira atenção internacional. Fazendo-se arauto da Anarquia, ele vê sua reivindicação ir bem além de sua própria pessoa, e o impacto de seu ato se revela muito maior...

O jornal italiano com tendência monarquista *Don Marzio*, de Nápoles, publica um artigo sensacionalista em que Lucheni é tratado como louco sanguinário.

Pretende, com isso, desmentir formalmente todos esses jornais influenciados pelas teorias de Cesare Lombroso, teórico da antropologia criminal. O psiquiatra italiano não pára de querer demonstrar a predestinação ao crime que todos os assassinos e matadores trazem consigo desde o nascimento.

Em seu depoimento, Lucheni insiste no fato de que ele não é um louco nascido com a "protuberância do crime", *que ele não foi, nem de forma mínima, instigado pela miséria*, e que ele deseja ver seu justo golpe seguido de muitos outros que deverão se abater sobre aqueles que avassalam seus semelhantes pelo prazer. Mas nesse tipo de manifesto desponta também uma afirmação que se tornará um *leitmotiv*: "Não está longe o dia em que os verdadeiros humanitários riscarão todos os escritos atuais; um só será mais que suficiente, e será este: *QUEM NÃO TRABALHA, NÃO COME!*".

E assina: "Luigi Lucheni, anarquista convicto".

A quem ele censura por não trabalhar? O "anarquista convicto" parece nutrir algum sonho autoritário...

Em 14 de setembro, o corpo da imperatriz é escoltado, com grande pompa, pelo Conselho Federal e o Conselho de Estado até a estação Cornavin, onde o espera o comboio imperial chegado no dia anterior. Em Viena vão se dar os funerais de Elisabeth, com o fausto impressionante do cerimonial espanhol. Toda a Europa se associa ao luto.

"E imaginem que é pela ordem desse italiano preguiçoso, chafurdado no trono imperial de sua prisão em Genebra, que essa gloriosa multidão está reunida aqui!", observa Mark Twain.

---

11. Refere-se a descendentes de holandeses, nascidos no Transval, República da África do Sul (nota da preparação).

Na entrada da cripta dos Capuchinhos, onde repousam todos os soberanos da Áustria, o frade-guardião bate anunciando: "A imperatriz e rainha Elisabeth pede para entrar...". Ela reencontra, assim, seu filho Rodolfo, morto tragicamente em Mayerling.

Na prisão de Saint-Antoine, esperando seu julgamento, Lucheni é bem tratado. O juiz de instrução Léchet aumenta seu dossiê conduzindo um inquérito metódico. Ele manda prender e depois soltar alguns suspeitos, obcecado que está pela idéia de revelar o complô que, a seus olhos, existe para além de qualquer dúvida. Ele chega até a oferecer charutos de qualidade a esse assassino, que espera dobrar utilizando-se de seu orgulho. Esse detalhe não escapa à imprensa estrangeira que logo denuncia os favores de que desfruta "o animal imundo". Para esses observadores não-suíços, a residência genebrina dos detidos preventivos não é nada menos do que "uma prisão de Theleme!".[12]

12. Comunidade onde prevalecem todas as formas de satisfação, concebida por Rabelais na obra *Gargântua* (nota da preparação).

De Onde Vem Luigi Lucheni?

Tendo o processo em vista, e preâmbulo a ele, Cesare Lombroso publica o resultado de sua pesquisa na *Revue des Revues* de 1º de novembro de 1898.

Sua qualidade reconhecida de pai da antropologia criminal confere-lhe distinção em alguns tribunais. Em 1896, Lombroso sustentou, além disso, teses categóricas sobre o tema das tendências claramente epiléticas constatadas, segundo ele, em todos os anarquistas.

Fiel à sua teoria e, com o fim de ilustrá-la com um novo exemplo, ele se lançou em uma investigação na França e, em seguida, na Itália, para melhor definir os contornos psicossociais do acusado, fornecendo, assim, à justiça genebrina o indispensável material de suas avaliações. Na falta de qualquer outra fonte importante de informação, o libelo da acusação se apoiará, principalmente, nos resultados de sua investigação.

"...Comecemos por procurar o significado de seu ato pelo estudo da pessoa do criminoso, conforme as regras da nova escola antropológico-psiquiátrica. Luigi Lucheni nasce de relações ilegítimas de uma serva de Parma, agora na América, com seu patrão, igualmente cidadão de Parma, ainda vivo, um bêbado desequilibrado que enviara sua amante grávida para Paris, quando então ela colocou o recém-nascido no Enfants Trouvés de Paris..."[13]

Nessas poucas frases, constroem-se afirmações graves, concernentes à identidade e ao perfil dos pais de Luigi, que ele mesmo ignora completamente. Realizamos por nós mesmos outra investigação.

13. Refere-se à instituição que abriga crianças abandonadas (nota da preparação).

Paris, outubro de 1872. Saint-Antoine é um dos bairros mais populares da capital. Uma vida agitada anima o setor pobre, que é como uma porta para a aglomeração muito densa da periferia leste de Paris. Se um modesto operário de Popincourt ou de Picpus se fere ou adoece, é encaminhado naturalmente para o hospital Saint-Antoine que guarda ainda a lembrança dos eventos de 1870-1871: barracas insalubres foram ali construídas devido às circunstâncias, ao serviço dos feridos pela guerra, e também aos feridos pela vida.

Ora, a miséria não é só francesa. Nesse início de outono de 1872, uma jovem italiana de vinte e cinco anos está na rua Sainte-Marguerite XIº *arrondissement,*[14] atraída, sem dúvida, pelo anonimato de uma grande cidade, e, talvez, também pela proximidade desse hospital popular. Ela é recolhida, gratuitamente, por uma compatriota, senhora Scunio, no nº 35.

Sem recursos e à procura de um trabalho, analfabeta, ela ainda consegue dissimular, aos olhos alheios, uma gravidez de três meses. Ela veio a Paris, assim, para dar à luz e ali viver até o momento do parto. Nascida em Dalbavito, perto de Parma, ela conheceu a necessidade de se exilar, ou melhor, isso lhe foi imposto por algumas circunstâncias. O pai da futura criança era talvez seu patrão ou, quem sabe, filho de seu patrão, vizinho nessa cidade. Ele tinha, sem dúvida, feito de tudo para afastar a serva seduzida, bem como o insuportável projeto de casamento desigual que o estado dela poderia, eventualmente, impor-lhe. Ela mesma só podia esperar esse afastamento, já que as jovens de seu gênero eram consideradas, nessa época, como perdidas e depravadas. Estaria ela, a partir de então, sozinha no mundo? Seus pais ainda moravam em Dalbavito, mas eles não podiam, sem dúvida, nem mesmo pensar em fazer alguma coisa. Também eles teriam sentido vergonha e, de qualquer modo, Louise não tinha querido pedir ajuda a quem, talvez, já a tivesse recusado antes. Jean e Marie-Mézette eram suficientemente miseráveis e não precisavam que a gravidez da filha piorasse a situação deles.

Durante os seis meses que a separaram do parto, Louise tentou encontrar trabalho. Como trabalhadora diarista ela poderia ganhar um pouco de dinheiro. Mas agora sua gravidez é evidente e não favorece seu projeto: era praticamente impossível, naqueles tempos, para uma futura mãe, encontrar emprego.

14. A cidade de Paris, bem como outras cidades francesas, divide-se em regiões (frações) numeradas em algarismos romanos (nota da preparação).

Em 22 de abril de 1873, Louise dá entrada no hospital Saint-Antoine para dar à luz. Ela apresenta, como documento, seu "livreto" datado de 21 de setembro de 1872, matriculado "na 8ª série, número 26.779".

Por que então, no fim das contas, o pequeno Luigi se chamará *Lucheni*? Parece que seu nome tenha passado por duas transformações descabidas: *Lucchini* ia se tornar *Luccheni* para a Assistência Pública parisiense e, em seguida, *Lucheni* para o resto do mundo.

Luigi Lucheni nasce a 22 de abril de 1873. A mãe é colocada com seu filho na sala Sainte-Marguerite, leito nº 12 bis. Dois dias depois, 24 de abril, o pequeno Luigi é batizado. Mais tarde, em 1º de maio, Louise toma uma decisão terrível — ou talvez já a tivesse tomado no dia do seu próprio abandono pelo futuro pai. Nunca saberemos.

Abandonar seu filho! Ela não tem, com efeito, o menor direito ao seguro do Bureau des Enfants Assistés;[15] além disso, ela só consegue vislumbrar ganhar a vida com muita dificuldade. Desde cedo, torna-se claro "que ela não poderá, por muito tempo, fazer algo pelo filho"; tal é a expressão utilizada no registro.

As circunstâncias detalhadas desse abandono não são conhecidas, mas pode-se facilmente reconstituí-las. No século XIX, é sabido que uma jovem mãe solteira não tem direito nem a respeito, nem a trabalho, e ela é, por isso, freqüentemente impelida a realizar tal ato.

No lugar da assinatura de Louise, embaixo, no documento oficializando o abandono, o escrivão colocará a seguinte menção, utilizada com freqüência nesse tipo de situação: "A mãe não sabe assinar". Na rubrica das circunstâncias que a obrigaram a apresentar a criança ao orfanato, a administração avalia que há "falta de recursos e também um pouco de falta de inteligência, mais que má vontade".

Definindo o pai biológico como um "bêbado desequilibrado" (o que nunca foi provado), Cesare Lombroso isola um caso de patologia que confirma a regra e inocenta, com isso, todos aqueles — a maioria — que exercem impunemente seu direito da primeira noite e que não encontram nunca alguém que condene sua atitude.

Em Varano de Melegari, perto de Parma, ou seja, na cidade onde Luigi passará a maior parte de sua infância, os moradores desse fim de século XIX ainda repetem as mesmas afirmações de seus ancestrais e persistem, ainda hoje, em declarar, quando falam do pequeno Lucheni: "Era figlio di una mignotta!" (era o filho de uma prostituta). Pois na Itá-

---

15. Instituição de assistência a crianças (nota da preparação).

lia, como em outros lugares, no fim do século XIX, as Louise só podiam herdar esse tipo de cartão de visita.

Quanto ao desespero sentido por essa mãe no momento de abandonar Luigi, imagina-se facilmente, com base no testemunho recolhido pelo escrivão e confiado a Maxime du Camp, que se interessava muito, naquela época, pelas crianças abandonadas ou sem recursos em Paris: "Se sente tanto abandonar esta criança, por que não fica com ela?".

A jovem mulher levantou-se de um salto, passou a manga pelo rosto inchado e, sem se virar, empurrou a porta e fugiu... O escrivão olhou Maxime du Camp e lhe disse: "É sempre assim!".

De 4.000 a 5.000 novos casos por ano: esse é o tributo de abandonados produzidos pela Paris miserável da Revolução Industrial.

Luigi Lucheni está agora inscrito, em 1º de maio de 1873 sob o nº 45.229, como Criança Abandonada sob o Registro de Matrícula das Crianças Assistidas, na prefeitura do XII° *arrondissement* (o do hospital Saint-Antoine). A decisão é notificada ao diretor do orfanato para onde será transferido o bebê.

Novas estruturas tinham sido construídas de 1836 a 1838 para acolher os "órfãos" antes abrigados no orfanato Saint-Antoine. A partir de 1838, todas as crianças encontradas, abandonadas ou órfãs foram agrupadas na rua do Enfer, na antiga instituição de Oratoire (atualmente hospital Saint-Vincent-de-Paul), a que tomou então o nome de Orfanato das Crianças Assistidas (em vez de Encontradas). Logo, esse é o destino do pequeno Luigi em Paris.

A investigação parisiense de Cesare Lombroso, cujo resultado, lembremos, terá grande importância aos olhos da justiça genebrina, gera uma imprecisão registrada pela história e que expõe a lamentável falta de elementos que temos para recompor os eventos: Luigi não foi abandonado no orfanato Saint-Antoine. Isso, nós constatamos, mesmo existindo somente esse estabelecimento de acolhida das crianças abandonadas, embora, em contrapartida, tenha sido no hospital Saint-Antoine que a mãe deu à luz.

No Orfanato das Crianças Assistidas, agentes assalariados são encarregados de recrutar amas-de-leite e substituem os famosos "caudilhos" escolhidos antigamente (até 1819) entre as pessoas do campo para encontrar camponesas voluntárias.

Quando é possível, algumas crianças são entregues a amas-de-leite. Quanto a Louise, e antes que ela suma no mundo, avisam que só poderá ter notícias de seu filho a cada três meses. Parece, entretanto, que ela jamais o procurará, virando definitivamente a página ao embarcar para a América, tendo como destino San Francisco.

Por volta do fim de outubro do mesmo ano, o orfanato parisiense da rua do Enfer envia o pequeno Luigi a seu país de origem, encorajado, sem dúvida, pelo desaparecimento definitivo da mãe, e para dar prioridade, ao que parece, às crianças francesas.

Nos rastros de uma criança "predestinada"

Lombroso continua assim seu relatório:

"Ele foi enviado ao seu país natal e confiado até os nove anos a uma família muito pobre, de nome Monichet;[16] o pai era sapateiro, dado à bebida; a mãe levava uma vida das mais imorais. Com nove anos, ele passou à tutela dos Nicasi, pessoas de bem, camponeses, ou melhor, mendigos, de tal modo que ele só conheceu, enquanto criança, a mendicância, andando pelas ruas e roubando frutas com os camaradas até treze anos. Parece que, nessa época, ele teve um ataque de epilepsia. Com doze anos, colocaram-no na escola, onde se mostrou um espírito vivo mas insubordinado, a ponto de, um dia, quebrar com uma cabeçada o retrato do Rei (Humberto I)".

Com essas linhas, Lombroso pensa poder resumir, de forma válida, uma criança da qual ele supõe ter encontrado "o perfume", interrogando algumas testemunhas ainda vivas, tanto em Parma como em Varano de Melegari, onde Lucheni viveu dos nove aos quatorze anos. Essas confidências dizem respeito, lembremos, a um prisioneiro que ainda não pode se exprimir de forma detalhada e cujo próprio testemunho será, de qualquer modo, julgado suspeito.

É preciso notar que os adultos que conviveram com Luigi são aqui apresentados, sem provas, seja como pessoas pobres mas honestas, seja como irresponsáveis (bêbado e libertina).

Eles são, assim, isentos, logo de início, da menor responsabilidade pessoal. A impressionante miséria do povo italiano, sendo considerada por Lombroso uma tara coletiva, determinante e fatal, oculta qualquer outra disfunção, seja ela política, administrativa ou simplesmente humana. O peso desse determinismo fixo e poderoso autoriza, assim, todas as simplificações, até mesmo um retorno sistemático aos grandes

16. Trata-se, de fato, de *Monici*.

axiomas da antropologia criminal "à la Lombroso", como a epilepsia nos anarquistas.

Fiel a seu estudo das características morfológicas dos delinqüentes descrito em 1876 em *L'Homme Criminel*, Lombroso empenha-se em constatá-las, em Lucheni, "que é de estatura média, 1,63 metro, moreno, corpulento, olhos cinzas, velados, móveis, as arcadas das sobrancelhas muito acentuadas, a cabeleira espessa, osso zigomático, mandíbula forte e grande, testa baixa, exagerada, braquicéfalo índice 88. Ele apresenta um grande número de características de degeneração comuns aos epiléticos e aos criminosos puros...".

O professor Topinard e alguns outros contemporâneos desmontam, peça por peça, as teorias de Lombroso, cujas construções excluem todo rigor metodológico: "A conclusão é tomada antes, procuram-se suas provas, defende-se a tese como um advogado que acaba por persuadir a si mesmo". Topinard prova, assim, que as anomalias assinaladas se encontram também nas pessoas honestas.

As teorias de Lombroso, felizmente, não lhe sobreviveram, mas a tipologia criminal se perpetuou, todavia, até nossos dias com o famoso cromossoma Y supranumerário e a morfopsicologia.

O Processo

"O procurador-geral declara que, por ordem datada de 22 de outubro de 1898, a Câmara de Instrução da República e Cantão de Genebra enviou à Corte de Justiça Criminal, com o concurso do júri, para ali ser julgado, o citado Lucheni Luigi, nascido em Paris em abril de 1873, filho de Louise Lucheni, servente de pedreiro, italiano, atualmente detido..."

A fachada do Palácio de Justiça acaba de ser reformada, bem limpa e bem talhada, a fim de causar boa impressão aos observadores estrangeiros.

Logo, Lucheni será julgado em Genebra já que não é possível mandá-lo para a Áustria. O código de instrução penal (art. 7), assim como o tratado austro-suíço sobre a extradição (art. 14) consagram formalmente a competência dos tribunais genebrinos para as infrações cometidas em seu território.

Competência federal ou cantonal? Há opiniões bem divergentes sobre a matéria. Para alguns, deveria ser convocado um simples tribunal de justiça, com dois guardas e doze jurados independentes; para outros, o assassino só poderia ser, por força da Constituição (art. 112), julgado por juízes federais.

A fórmula adotada será, finalmente, a genebrina: juízes criminais presidirão o julgamento em que o júri será instalado, uma solução descentralizadora tendo em vista que a instância federal está submetida a um código penal que não prevê o regicídio. (Curiosamente, aliás, o ultraje a um embaixador de um poder estrangeiro deve ser julgado pela

Confederação, enquanto o assassino desse mesmo embaixador ou soberano é julgado pelos tribunais cantonais.) Tendo em vista que o acusado confessou, os debates serão breves.

Nessa quinta-feira, 10 de novembro de 1898, a partir das 8h30, as portas do Palácio de Justiça são abertas e a sala é invadida. Jornalistas especializados em temas judiciais, vindos de toda a Europa, ocupam sessenta lugares. Entre eles, podem-se ver quatro mulheres jornalistas que são observadas com muita curiosidade. À esquerda, os advogados e alguns criminalistas, entre os quais pode-se notar o professor Alfred Gautier e o doutor Auguste Forel, psiquiatra. Atrás da imprensa, o público.

A simplicidade da decoração e a falta absoluta de aparato surpreendem os observadores estrangeiros. A ausência de qualquer emblema religioso exprime, a seus olhos, a "nudez calvinista". Às 9h10, a Corte, composta pelo senhor Burgy, presidente, e pelos senhores Racine e Schützlé, juízes auxiliares, faz sua entrada e a audiência é aberta.

Com um balanço muito particular, evocando o caminhar de um marinheiro, Lucheni aparece, com um sorriso nos lábios. Aparenta estar alheio a tudo, como se se apresentasse ao processo de outra pessoa.

"Sim, sou eu!", ele declara, posando para as filas de jornalistas que se comprimem para vê-lo passar. Seu bom humor anuncia-se inalterável, e ele parece considerar, por princípio, o espetáculo da justiça como sendo muito divertido.

Alfred Gautier é surpreendido por sua fisionomia inteligente e seu ar alerta.

"Não é possível vislumbrar o mínimo sinal de degenerescência; em resumo, se ali há um monstro, é o da moral somente!", ele escreverá mais tarde.

Mal acabara de se sentar, Lucheni pede a assistência de um intérprete do qual raramente terá necessidade. Pois, ainda que fale um francês sofrível, é com facilidade que se exprime e se faz entender.

Quarenta jurados foram convocados, entre os quais doze foram sorteados. Lucheni sorri constantemente, inclina-se para o público ou boceja. Ajeitando-se para ouvir o libelo de acusação, ele se levanta como alguém que até então não havia entendido muita coisa e exclama em italiano: "Façam-no, para mim tanto faz!".

Ao longo dessa leitura, sua atitude vai parecer estranha; ele vai se virar sem parar para o público. Procurando o menor sinal de aprovação, ele lança ao fundo da sala, às vezes, um beijo, como se fosse um ator; finge zombar e olha para os bancos da imprensa com um ar de ironia.

O libelo de acusação relata, a princípio, as circunstâncias que serviram de prelúdio ao drama e, em seguida, o próprio assassinato. A biografia de Lucheni é, depois, apresentada. É interessante constatar que a descrição de sua infância ocupa apenas algumas linhas do longo libelo e não apresenta absolutamente a imagem da infelicidade, da miséria ou da injustiça que o pequeno Luigi teria sofrido:

"... Em seguida, ele é confiado ao casal Nicasi, em Varano de Melegari, que manifesta grande interesse por ele; nessa época, mostrou-se inteligente e trabalhador. Freqüentou a escola e ficou com os Nicasi até 1887; em seguida, ficou durante dois anos com o casal Salvi d'Angelo, em Solignano. Depois, voltou a Varano e trabalhou na estrada de ferro Parma-La Spezia (em construção)..."

Auguste Forel assiste a essa leitura e percebe, desde logo, que os antecedentes de Lucheni são apresentados de forma muito imprecisa e que, apesar do relatório de Cesare Lombroso — que inspira o libelo de acusação e, mais tarde, a queixa —, "os dados são muito escassos".

Aliás, ele desconfia do antropólogo italiano, que ele julga ser bem menos que um gênio. A tendência de Lombroso a considerar, por exemplo, a epilepsia como um dado que se estende ao infinito deixa claro seu propósito generalizador e o torna, conseqüentemente, suspeito; e ainda com mais razão se não se puder provar que Lucheni padece desse mal.

Em seguida, são lembradas as tribulações do jovem Lucheni em Gênova, em Tessino (em Airolo e depois em Chiasso), no cantão de Genebra (em Versoix) de 1891 até a primavera de 1892, com o senhor Papis, empreiteiro. Sempre em movimento, ele mora sucessivamente em Zurique, na Áustria, depois em Viena e, em seguida, em Budapeste entre março e junho de 1894. Quanto à continuação de sua trajetória, nós já a relatamos.

"É na Itália que despertam, sem dúvida, os primeiros sintomas anárquicos que se desenvolveram, mais tarde, ao longo de sua vida errante... O motivo que o fez agir é bem claro: ele agiu por conta das idéias de sua seita e, impulsionado pela vaidade, quis associar seu nome a um ato retumbante ainda que infame, ferindo mortalmente Sua Majestade a Imperatriz da Áustria..."

A justiça genebrina tem o cuidado de colocar, assim, o assassino na sua categoria presumida, sem ir mais longe na análise de sua personalidade.

Uma vez terminada a leitura do libelo de acusação, as testemunhas começam a depor e confirmam o conteúdo do que foi apresentado. Em seguida, começa o interrogatório do acusado.

Lucheni admite os detalhes relativos a seu crime, insistindo no fato de que não houve cúmplices e que, a princípio, o duque de Orléans era o alvo escolhido. Para convencer a Corte dessa última afirmação, ele precisa que, se tivesse antes imaginado transferir seu ato para a imperatriz, seria para Caux que teria ido.

— O que o fez decidir-se a matá-la?

— A miséria.

— Mas o senhor não conheceu a miséria.

— No dia do meu nascimento, minha mãe me rejeitou.

— Mas o senhor foi criado em uma família que o tratou bem.

— Trabalho desde os nove anos; tudo o que aprendi, não foi na escola, foi no orfanato.

É primordial notar, aqui, a primeira falha importante nas declarações de Lucheni. Lembremos que, três dias depois de sua prisão, "o anarquista convicto" escreveu uma carta ao jornal italiano *Don Marzio* para desmentir, energicamente, a alegação de que fora impulsionado pela miséria. A afirmação contrária, no curso do processo, deveria propor novamente a tese do "assassino altruísta" a serviço de uma utopia cujos ideais ele teria abraçado. Mas isso de pouco valerá, visto que estão todos apressados em acabar com aquele cuja sorte, não importa o que aconteça, já está definida.

O criminalista Alfred Gautier tentará ainda, em seus escritos, atenuar o significado da palavra "miséria", querendo interpretar que, em sua acepção italiana, a palavra tem o sentido de "infelicidade". Pois ele quer sustentar, obstinadamente, a tese do assassino filantropo comovido pelo espetáculo do infortúnio coletivo das massas. Ele estima, com efeito, que não importa o grau de miséria que um homem racional experimente, isso não o levará a matar uma mulher que nada lhe fez. Um homem que, além do mais, tem ainda sua inteligência e supostamente uma profissão, qualidades suficientes para ajudá-lo a atravessar os momentos difíceis!

Mais tarde, Lucheni é questionado sobre as canções e as brochuras anarquistas encontradas com ele, mas isso parece não lhe dizer mais respeito. Perguntam-lhe, então:

— O que o senhor pretendia com seu crime?

— Vingar minha vida!

Qual doloroso segredo sua vida teria para que, ainda que contradizendo o resultado das investigações oficiais, ele se recusasse a deixar entrever feridas pessoais tão terríveis? Seria preciso, para saber mais, que Lucheni retomasse a história detalhada de sua infância e do resto de sua curta existência. Mas ele não terá tempo nem vontade de falar sobre isso. A ponto de Gautier se perguntar como esse trabalhador amargurado teria se transformado em anarquista militante. "Eu me converti sozinho, por razões que conheço mas que não me convém dizer...", afirma Lucheni. Explicação que Gautier julga inverossímil, pois estima que, a exemplo de outros anarquistas, foi provavelmente o convívio que o perdeu.

Servindo a sociedade, todos reagem ao acusado em função de seu papel oficial e das convicções prévias que sua formação lhes inspira. O criminalista pensa como puro jurista; o psiquiatra como médico da alma, proibindo-se qualquer emoção; o juiz como responsável pela ordem e, espera-se que também "o anarquista", pego com a boca na botija, encarne as "idéias de sua seita". Um ponto é tudo.

O interrogatório chega ao final:

— O senhor pensou no horror do seu crime? O senhor está arrependido?

— Nem um pouco; aqueles que perseguiram o mundo durante séculos não se arrependeram.

— Se fosse para fazê-lo outra vez, o senhor o faria?

— Sim, eu faria outra vez!

É possível, nesse momento, ouvir-se um murmúrio no auditório...

Chega a hora da sustentação oral.

Por decisão unânime do Grande Conselho, Georges Navazza, trinta e oito anos, fora eleito jovem procurador-geral um ano antes. Sua autoridade moral já é reconhecida e a precisão de sua argumentação consegue impressionar os jurados, mesmo se, em geral, sua eloqüência tenha algo de solene.

"... Quando todos os corações verdadeiramente suíços, atingidos também pela lima de Lucheni, batiam em apenas um sentimento de tristeza humilhada e de indignação..." O tom é dado, e a dor da Suíça (ainda que um pouco narcisista, tal qual nós a descrevemos acima) também se exprime aqui.

"... Que nossos primeiros pensamentos atravessem nossos Alpes, voem para perto desse ancião..." (o imperador Francisco José I).[17] As montanhas, sólidos contrafortes e símbolo do patriotismo helvético da época, vêm completar o quadro.

---

17. Último imperador da Áustria (1848 a 1916) e rei da Hungria (1867 a 1916) (nota da preparação).

Navazza acredita que apenas o acaso tenha permitido que o território suíço fosse o palco de tal crime: "Com efeito, o assassino não é um de nossos compatriotas!...".

Trata-se, na verdade, "de um animal feroz em busca da caça", e acrescenta: "Não permitiremos a invasão do nosso território por um bando de malfeitores...".

Em seguida, ele se recusa a colocar Lucheni em pé de igualdade com Caserio, que tinha um motivo, ainda que inconfessável e injusto, contra o presidente Sadi Carnot, dirigente do Estado e que recusara a graça aos Ravachol, aos Vaillant e aos Henry: "Ao senhor Lucheni não foi a mesma vingança que o guiou; foi apenas o ódio... O senhor apunhalou uma mulher que tinha satisfação na modéstia e na caridade!...".

Durante todo o discurso do senhor Navazza, Lucheni aprova ou desaprova, conforme o que ouve. Após essa última frase, evocando a simplicidade e a devoção de Elisabeth, ele lança uma observação sarcástica: "Sim, ela sempre trabalhou...". Essa invectiva é lançada com o objetivo claro de trazer à tona a profissão de fé que é a sua e, segundo a qual: "Quem não trabalha, não come".

Retomando o rumo traçado por Lombroso, bem como o que apresentam as diversas peças do processo, o procurador passa muito superficialmente em revista a infância do regicida e tira suas conclusões:

"...Ele é subjugado por sentimentos que não podem ser atribuídos a sua pouca idade...". Afirmando isso, faz desaparecer, em um instante, toda relação causal com uma juventude rude mas, apesar de tudo, feliz:

"Se ele não conheceu os pais, tem a felicidade de cair em mãos devotas e, à parte os dois anos passados no orfanato, desfrutou da vida em família; primeiro, com o casal Monici, em Parma, onde ficou sete anos, depois, com o casal Nicasi, em Varano, que o criaram bem, ele nos disse; nessa época, freqüenta a escola com sucesso, é inteligente, alegre, hábil nos exercícios corporais e, ao chegar aos dezesseis anos, certamente, está em condições de participar da humanidade com melhor postura que um grande número de seus compatriotas...".

Tendo constatado que Lucheni não fora enfraquecido pela vida e, repudiando, por seu turno, a idéia de criminoso nato, tão importante para Lombroso, Navazza rejeita toda a noção de predestinação, não apenas social mas também constitutiva, para imputar ao acusado a inteira responsabilidade de seu ato. Ele não é, com efeito, louco; seus antecedentes de epilepsia não podem ser provados, nem suas cumplicidades exteriores. O procurador está, todavia, convencido da existência de um complô; mas, face à impossibilidade em defini-lo, "é preciso fazer boa e pronta justiça".

Uma "incomensurável vaidade", é esse o sentimento que governa esse assassino! E, quando a anarquia sem dogma toma conta de tal vaidoso, vislumbra apenas um objetivo: o crime.

Os únicos remédios coletivos contra esse tipo de calamidade são, segundo ele, os benefícios da instrução e da educação.

Ao fim de sua exposição, o procurador-geral exprime seu ceticismo quanto à possibilidade de Lucheni cair em si:

"...Mas, que pena! Nada nesse homem revela o despertar de sua consciência! Nada, nada, no seu rosto a não ser essa perpétua expressão de um indivíduo satisfeito por ter terminado sua obra!".

Ele pede, então, um veredicto exemplar, ao termo de um discurso antológico que será publicado integralmente. Suas últimas palavras solicitam a morte civil prescrita, carregando toda a força de um castigo supremo:

"Que amanhã, em Genebra, haja também o túmulo que se feche pesadamente sobre os passos do assassino assim que ele atravesse o limiar de nossa penitenciária!

"Que seja consagrado ao eterno esquecimento!

"Que tal seja seu castigo!

"Nós, senhores, guardaremos fielmente a imperecível lembrança da Imperatriz mártir e pediremos ao tempo para apagar de nossa bela plataforma do Mont-Blanc o estigma da perversidade de Lucheni.

"Tenho dito."

Após uma interrupção na sessão, o magistrado Pierre Moriaud, designado por juízo a defender o réu (advogado dativo), toma a palavra às 17 horas. Verdadeira figura de proa do meio jurídico de Genebra, ele leva, paralelamente, uma brilhante carreira política como radical de direita, destacando-se ora no quadro dos Parlamentos cantonais, ora no do Parlamento federal (Conselho dos Estados).

Moriaud começa por deplorar, a exemplo do que fizera o procurador, que um atentado cometido por um estrangeiro tenha *maculado o solo suíço*.

Ele vai, claro, esforçar-se em mostrar que a responsabilidade de Lucheni é limitada, mas ele só dispõe dos materiais produzidos pela acusação. Apenas sua interpretação será diferente, tendendo a demonstrar que o acusado fora, de fato, infeliz durante a juventude: "Trataram-no sempre como um número!".

Abstraindo-se de seu preconceito contra a Itália, o advogado insiste, entretanto, no fato de que, na Suíça, a criança abandonada é, pelo contrário, recolhida, protegida e educada. Esse sentimento é, aliás, muito claramente partilhado por um bom número de observadores da época, e Auguste Forel chegará mesmo a escrever: "Conhece-se bem a crueldade dos italianos com os animais!". Ele afirmará, na sua obra *Crime et Anomalies Mentales Constitutionnelles,* que a fraqueza moral de Lucheni pode estar relacionada "aos instintos cruéis da raça italiana". Dirigindo-se à Itália, Moriaud acrescenta: "Conserve seus filhos, eduque-os e faça outras leis!".

Mais do que a miséria, o orgulho e a vaidade teriam feito o resto. Ele também proclama que Lucheni não é louco, mas lança mão, no entanto, de uma afirmação estranha: "Seu cérebro não é o cérebro de qualquer um...".

Os verdadeiros culpados são, segundo ele, os teóricos da anarquia.

Depois, ele invoca a falecida imperatriz: "E o que diria a Imperatriz? Faria escutar gritos de vingança? Não, mas palavras de perdão. Sua misericórdia obteve a graça para cem culpados em seu país. Escutem sua voz e não os barulhos da rua...".

As últimas palavras de sua defesa: "Em uma palavra, sejam humanos".

Aplausos "contidos" acolhem essa defesa, julgada muito hábil.

Não tendo o acusado nada a acrescentar em sua defesa, declaram-se encerrados os debates para permitir a deliberação do júri. São 18h20.

Após 15 minutos, seu presidente, o doutor Thomas, faz a leitura de um veredicto afirmativo sobre todos os pontos e Lucheni se vê condenado à prisão perpétua pedida pelo procurador-geral.

São 19 horas e Lucheni grita enquanto o levam: "Viva a Anarquia, abaixo os aristocratas!".

A cortina cai sobre um processo de um único dia, mas alguns peritos, testemunhas ou não desse processo, afiam suas penas para prolongar a reflexão... O doutor P. Ladame, de Genebra, escreverá: "Esse miserável italiano com máscara brutal, com inteligência limitada, com instrução quase nula, é um bruto malvado e nocivo, um orgulhoso que sacrificou sua existência a sua incomensurável vaidade...".

Os dois depoimentos mais interessantes são os do psiquiatra Auguste Forel e do criminalista Alfred Gautier. Eles analisam o fato à luz de duas disciplinas distintas e, normalmente, complementares. A qualidade de espectadores que têm durante o processo lhes dá uma capacidade de julgamento enriquecida pela oportunidade que lhes foi dada de ali captar algumas vibrações.

Auguste Forel é não apenas um eminente psiquiatra mas também um grande especialista em formigas! Observando esses insetos, ele se deu conta de que sua comunidade não exige nem chefe, nem lei, nem repressão, porque cada uma delas se dedica e trabalha para a comunidade, por instinto herdado. Ele pretendeu demonstrar, em 1874, em sua obra *Fourmis de la Suisse*, que esses insetos nos oferecem o tipo perfeito de socialismo. Ele retificará essa assertiva, em 1902, afirmando que as formigas são anarquistas por excelência!

Ele acredita, ao mesmo tempo, que o homem tem excessiva individualidade e que seu *instinto* social é bem fraco. As teorias libertárias levadas ao extremo e aplicadas aos seres humanos lhe parecem, assim, bem confusas e absolutamente utópicas.

Como Lucheni pôde se deixar, aparentemente, seduzir por esse catecismo inacreditável? O rancor, a miséria, talvez, a vaidade, seguramente, prepararam seu cérebro, confundindo sua inteligência frágil. Seu senso moral, sendo muito baixo, estima Forel, não ofereceu resistência séria à sua vaidade. Depois, a exasperação violenta, súbita e louca de um impulsivo fez, sem dúvida, o resto...

Mas para tais casos a justiça penal é justa? Pretendendo-se instrumento de vingança para o homem, ela é conforme à verdade e às necessidades sociais? Para entender a psicologia de um homem é preciso, imperativamente, estudar o desenvolvimento de sua própria individualidade. Mas frente ao desconhecimento, quase que completo, dos antecedentes de Lucheni, de sua verdadeira infância, sobretudo, Forel sente que os verdadeiros motivos de seu crime não foram buscados pela justiça.

Ele volta, incessantemente, ao famoso relatório de Lombroso, e isso não o satisfaz. Os preconceitos do papa da antropologia criminal lhe são insuportáveis, mas ele não dispõe de nada que lhe permita contestá-los. As afirmações oficiais, segundo as quais Lucheni não teria, de fato, passado miséria ou sofrido de falta de afeição, levam seu raciocínio a um impasse. Só restam, aos seus olhos, o impulso e o caráter influenciável do regicida para explicar seu ato.

Forel constatou que Lucheni ostentara durante todo o processo um ar de bravata. Entretanto, perto do fim, o médico da alma acredita ter percebido emoção e embaraço atrás das bravatas. É com uma voz contida e quase forçada que o condenado disse, levantando seu chapéu e partindo: "Viva a Anarquia, abaixo a aristocracia!".

Aquele que estava tão resoluto não teria apenas cumprido um papel? Forel, além disso, relatou que ele estava muito emocionado ao se retirar após o julgamento, e que chorou longamente...

A exemplo de Forel, o professor e criminalista Alfred Gautier recebe as elucubrações de Lombroso com desconfiança. Ainda que o pai do assassino fosse um alcoólatra, um bêbado desequilibrado, ou que o pequeno Luigi tivesse sofrido uma crise de epilepsia aos treze anos, isto nada prova. "Nós devemos acreditar nas palavras do narrador... Para um simples jurista, imbuído de preconceitos silogísticos, a conclusão parece bem prematura...".

No mesmo diapasão do psiquiatra, Gautier nota a mudança de atitude que Lucheni manifestou perto do fim do processo: "Se existe ator, me pareceu que o ator enfraquecia no desfecho. Condenado, ele ainda jogou na cara do público a última bravata. Mas que diferença com a bela segurança de antes. Vinda de uma voz indistinta e débil, essa profissão de fé soava falsa...". Gautier ouvira até mesmo Lucheni proferir: "È finita la commedia!".

No seu epílogo sobre o caso Lucheni, Forel considera que a justiça tem o dever social e moral de usar a ciência e, mais particularmente, a psicologia. A exemplo do doutor Frank, ele considera que é preciso exigir, durante os estudos de direito, o ensino da psicologia e da psiquiatria, um dos objetivos sendo o de impedir a condenação de inimputáveis, entre os quais não se encontra, aliás, o assassino de Elisabeth. Moderno para seu tempo, Forel é, certamente — sobretudo se for considerada a opinião de um Gautier —, bastante hostil à psiquiatrização da justiça: "Se toda contradição no caráter é índice de um estado mórbido, não é mais apenas Lucheni, somos todos nós os doentes!".

Apenas uma coisa não foi lembrada nem por uns nem por outros, durante a instrução e, depois, durante o processo de Lucheni: o impacto da afetividade sobre o desenvolvimento individual. O amor ridicularizado durante a infância, os desejos reprimidos no subconsciente não são ainda próprios para seu tempo...

Ascendendo à Prisão Diocesana

Após sua condenação à prisão perpétua em 12 de novembro de 1898, Lucheni deixa a prisão preventiva de Saint-Antoine para ser transferido para a prisão da diocese, situada nas proximidades.

Em frente ao Palácio de Justiça, do cume da catedral Saint-Pierre, a sombria fachada dessa prisão domina, das alturas, os velhos telhados que se amontoam lá embaixo. Severas e, sem dúvida, ainda mais que a sinistra construção anunciada por essa fachada, altas muralhas fecham o conjunto, circundando-o como um cinturão. Todo o perímetro de Saint-Pierre tem um aspecto decadente. Escondidos embaixo, só resta aos bairros de Madeleine e de Longemalle se acomodar a essa advertência lúgubre.

Como se pode imaginar que desse belo promontório os romanos tenham, de fato, edificado seu predomínio, no topo dessa colina onde se eleva, hoje, a catedral! Nesse meio tempo (no fim do século XII), uma morada episcopal ali surgiu e, a partir de 1536, foi transformada em prisão. Desde essa época, a residência dos condenados se estabelecerá ali, à sombra do edifício sagrado.

A primeira prisão da diocese foi destruída em 1840, para dar lugar ao novo edifício, em que salas de tortura e masmorra foram suprimidas. Os barulhos de correntes e as queixas sincopadas, os gritos dos supliciados e outras humilhações não mais existem: em uma penitenciária "moderna", os detentos são tratados com humanidade!

O recurso apresentado pelo defensor de Lucheni, magistrado Pierre Moriaud, é retirado após alguns dias, permitindo, assim, a execução da pena. No dia 21 de novembro, decide-se a transferência.

É o senhor Lafond, diretor da prisão Saint-Antoine, que vai acordar Lucheni às 22h40 para a transferência noturna. Lucheni demonstra completa indiferença enquanto lhe ordenam para se vestir e para se preparar: em volta do prisioneiro se colocam elementos de uma estranha ronda noturna imersa na penumbra, sobre a qual aparece uma lanterna segurada por um dos guardas que vai mostrar o caminho.

Uns cinco soldados escoltam Lucheni, sucessivamente através do térreo de Saint-Antoine, do pátio do Palácio de Justiça, da praça Bourg-de-Four e até a escada, muito estreita e íngreme, dos Degrés-de-Poule: uma passagem estreita e escura com 67 degraus que se deve galgar para reencontrar o ar livre e chegar à prisão da diocese. A procissão que o acompanha cumpre, assim, a última e simbólica transição ascendente onde se elevam os passos daquele que ali vai se fixar definitivamente.

O senhor Alexandre Perrin, diretor da prisão da diocese, acolhe seu novo prisioneiro a quem faz tomar imediatamente um banho e a quem faz entregar um boné, uma camisa azul, um paletó com o nº 95 e a calça de brim marrom. Lucheni lembra, então, do regimento e de sua lógica interna, e o sentimento de uniformidade que se libera nesse momento não lhe é totalmente desagradável. Um universo ordenado, tivesse ele sido carcereiro, as coisas não teriam sido tão ruins!

Ele é conduzido à ala B, até sua cela individual que tem, efetivamente, o número 95: 3,5 metros de comprimento, 3,5 metros de altura e 2 metros de largura; clara e relativamente limpa, bem arejada, com um postigo, mobiliada com um banco, uma caminha, uma pequena escrivaninha que pode receber, por exemplo, fotografias. Dois utensílios de primeira necessidade, um cabide e um espelhinho completam o inventário dessa "cela isolada" onde Lucheni deve ficar instalado durante seis meses. Habitualmente, os novos prisioneiros só ficam uma semana sozinhos em sua cela pois, após esse curto tempo de isolamento, eles recebem tarefas na oficina "grande" ou "pequena", segundo as circunstâncias.

Pois essa prisão é também uma espécie de empresa onde reinam, notadamente, o silvo da plaina e o barulho do martelo dos sapateiros amaciando os couros. No exterior, parece até gostarem das babuchas confeccionadas nesse lugar, assim como apreciam a qualidade de sua marcenaria e de suas encadernações.

Mas essa afirmação da ética penitenciária, digamos "protestante", e segundo a qual o prisioneiro ali está para corrigir-se na penitência de um trabalho de equipe, não é ainda completamente aplicável ao assassino excepcional que temem misturar aos outros. O isolamento, preconizado por seis meses, será prolongado até 5 de janeiro de 1900. Pois não se trata, por enquanto, de acentuar muito o gesto "que cura", prolongamento daquele "que pune". O *pior dos réprobos* deve antes de tudo se recolher *ao esquecimento* ao qual foi consagrado e, antes de mais nada, *desaparecer aos olhos do mundo* que lhe recusou a qualidade de ser humano em razão de seu crime.

Também o diretor pretende estabelecer, desde o início do jogo, regras particulares a esse detento:

"Ele trabalhará em isolamento completo na cela contígua (nº 94), na confecção de babuchas e de encadernações. Seus passeios serão isolados dos outros, duas vezes por dia e na medida em que a chuva não o impeça, em um pequeno jardim circular de dois metros de diâmetro e cercado de muros altos. Recomenda-se aos guardas que o visitem, com freqüência, para a eventualidade de uma tentativa de suicídio. As duas celas deverão ser muito bem inspecionadas, a fim de prevenir qualquer fuga. Lucheni não será conduzido à biblioteca e os livros serão fornecidos a partir de lista que ele apresentará. Ele será levado ao banho isoladamente.

"Dado o caráter *especial* do crime pelo qual Lucheni foi condenado, que não possa ser imputado ao pessoal da prisão se algo anormal acontecer durante sua detenção!" (o Diretor).

Perrin é um diretor responsável, respeitado, por enquanto, pelo nosso assassino pois, segundo as informações extraídas pelo criminalista Alfred Gautier, "ele perdeu seu comportamento de fanfarrão". Tornou-se até submisso e respeitoso.

Às 6 ou 7 horas da manhã, dependendo da estação, ele, como os outros, deve se levantar. Desde que o pátio esteja livre, pode ir para lá, fazer sua volta como um cavalo de parque de diversão, respirar o ar puro a plenos pulmões e soltar as volutas esbranquiçadas do cachimbo que seu guarda encheu de tabaco comprado com o próprio dinheiro do prisioneiro, uma vez que o trabalho efetuado na cela lhe foi pago.

A distribuição das refeições dita o ritmo do cotidiano: de manhã, meio litro de café com leite; dois decilitros de vinho por dia e 250 gramas de pão a cada dois dias. Domingo, um pedaço de carne cozida e um pouco de salada vêm enfeitar o menu.

Desde o início de seu isolamento, e semanalmente, Lucheni recebe a visita do abade Blanchard, que se ocupa dele. "Orare e Laborare" é a referência ao mundo monástico que, aqui, pode ser evocada pois, para o abade Blanchard, essas duas aptidões parecem ser, de um modo ou de outro, os dois braços que, com o tempo, propiciam a melhoria dos condenados, mesmo no que concerne a Lucheni.

"Visitantes de honra" podem, igualmente, encontrar-se com ele, como, por exemplo, Ernest Favre, presidente da Sociedade de Patronagem cujo princípio é, notadamente, a reabilitação dos prisioneiros após sua liberação.

Após 5 de janeiro de 1900 (fim de seu isolamento), Lucheni é colocado na oficina de sapateiro como aprendiz. Ele está, agora, submetido ao regime normal da casa, ou seja, ao sistema Auburn[18] (trabalho em comum durante o dia com silêncio obrigatório; isolamento durante a noite). Ele, por sua vontade, preferia estar destinado à encadernação e continuar a passear sozinho, mas suas lamúrias não são levadas em consideração. Ele pode, agora, freqüentar a escola e o culto, o que não deve lhe desagradar. Ao diretor, que o estimula a se aperfeiçoar na língua francesa, ele responde melancolicamente: "Para quê?". "Não há o que lhe reprovar", constata, entretanto, Alexandre Perrin. Beaumont e Tocqueville tinham notado "que há mais igualdade na Prisão que na Sociedade", e Lucheni não está longe de também pensar assim, já que "todos aqui vivem sob a mesma insígnia".

No dia seguinte à transferência para a prisão da diocese, um guarda o surpreende, em sua cela, com os olhos cheios de lágrimas. O que mostra, enfim, como ele imediatamente cai em si.

Um ano passa e tudo vai bastante bem até o dia em que, segundo parece, alguém publica que Lucheni leva, na prisão, uma vida muito agradável, lendo muito, escrevendo e fumando cachimbos. Tais rumores não podem deixar de chegar a Viena. Disso resultam algumas observações diplomáticas associadas a pedidos de extradição. Acrescente-se a isso os protestos de alguns ricos que passam a temporada em Genebra; e eis que o diretor, senhor Alexandre Perrin, decide acentuar o rigor dessa detenção.

É uma sede de justiça, mal extinta, que, desde então e durante algum tempo, irá envolver Lucheni. Para aumentar ainda essa tensão súbita, em 18 de fevereiro de 1900 um fato sensacional acontece na prisão da diocese: uma fuga (particularmente bem planejada, é preciso dizer). Frustrando a vigilância de um carcereiro-chefe muito idoso, os detentos Got e Parthénis escapam por uma escada de corda de 10 metros, confeccionada com material tirado das oficinas. Antes de fugir, eles

18. Regime penitenciário surgido nos Estados Unidos, na cidade de Auburn, durante o século XVIII (nota da preparação).

roubam da cozinha quilos de chocolate. E, para bem fazer as coisas, eles consignam, em uma carta, seus agradecimentos ao diretor pela qualidade dos cuidados recebidos na prisão. Fazendo alusão à negligência do carcereiro-chefe, Got confessa, em uma das cartas, que "seria um crime não se aproveitar de uma grande porta aberta...".

Os dois detentos, tendo trabalhado juntos na cela 93, próxima àquela de Lucheni, fazem a imprensa estrangeira se revoltar com a idéia de que o regicida também pudesse escapar. O diretor se mostra extremamente contrariado com essa fuga. Assim, ele chama Lucheni no dia seguinte em sua sala, visto que naquela manhã mesmo ele se recusara a trabalhar. Face à reprimenda que lhe é feita, Lucheni responde solicitando obter a entrega de um segundo livro por semana enquanto o regulamento só permite um.

Mas Perrin está, agora, pouco inclinado a fazer concessões; ele recusa de maneira taxativa e seu interlocutor deixa o escritório precipitadamente. Entretanto, por volta das 17h15 ele pede para ver, outra vez, o diretor.

Por duas vezes ele vai lhe dizer: "Senhor diretor, dê-me um segundo livro, seria melhor para o senhor!". Ao se virar, Perrin vê, estupefato, Lucheni brandir, teatralmente, uma espécie de estilete confeccionado com uma lata de sardinhas contorcida e afiada. Os guardas vêm em auxílio e controlam o autor de um gesto que será qualificado, com um pouco de exagero, de "tentativa de assassinato" pelos antropólogos e por criminologistas. O psiquiatra Auguste Forel reconhecerá, aqui, "um impulsivo patológico de um cérebro malformado" e precisará que "a mínima contradição, a recusa mais compreensível e o menor motivo bastam para fazer explodir o furor nesse tipo de cérebro e para levá-lo aos atos de violência mais desproporcionais". Ele vai mesmo comparar o Lucheni dessa situação particular a "um touro que investe contra o pano vermelho".

O que todos querem, assim, considerar como a réplica do "terremoto" de 10 de setembro de 1898 é, de fato, o acesso de um humor sem dúvida impulsivo, mas também, e sobretudo, a atitude de um cabotino muito dado à grandiloqüência e aos puros gestos teatrais:

"Eu tinha um instrumento, eu o levantei e lhe mostrei com a mão esquerda dizendo, como Voltaire: nesse mundo, só se vence com isso (a espada), pois me recusavam aquilo de que mais gosto no mundo, os livros...". Essa é a justificativa de Lucheni. Essa é também a marca extrema do desejo frenético que, de agora em diante, o obstinará: o de refazer uma vida perdida instruindo-se pela leitura.

Alguns jornais austríacos e italianos logo dão curso a um boato segundo o qual seria melhor transferi-lo para um hospício. O senhor Perrin, que sempre tivera, antes, boas relações com Lucheni — que o respeita, de modo geral —, apressa-se em afirmar que o homem não é doente mas que está, simplesmente, sujeito a contrariedades passageiras que o deixam, às vezes, impulsivo. Por essa ocorrência, a punição será: masmorra por dez dias, depois isolamento na cela, sem trabalho nem distração até 30 de abril de 1900.

Crônica de 1901

O ano de 1901 é importante para aqueles que desejam conhecer melhor a natureza íntima de Luigi Lucheni, antes que se deixe de "oficialmente" falar dele, durante os oito anos que se seguirão. Esse ano vai nos abrir, com efeito, dois ângulos de introspecção de uma definição muito precisa:

1. Um almanaque "Hachette" de 1901 (inédito até hoje), abundantemente anotado e ilustrado por Lucheni.
2. A visita à prisão de dois psiquiatras-antropólogos, os doutores Ladame e Régis.

O almanaque

Com o produto de seu trabalho, Lucheni compra seu tabaco ou, às vezes, um lápis e, ao fim de cada ano, parece, um almanaque "Hachette" para ser usado no ano seguinte. Por tal objeto, o gasto é relativamente elevado, já que seu trabalho na prisão lhe rende, no máximo, 8 francos por mês: 3,50 francos, tal é a soma que lhe custa o almanaque.

Independentemente de qualquer abertura real para o mundo exterior que possa lhe oferecer pela diversidade de suas rubricas, esse livro de aproximadamente 700 páginas, com o subtítulo "pequena enciclopédia popular", é, antes de tudo, um calendário e uma agenda.

De maneira geral, a crônica de seu aprisionamento não é muito detalhada e só se faz conhecer por meio dos registros lacônicos do encarregado, à medida que a má conduta do prisioneiro, realçando o atípico de seu comportamento, o traz à lembrança de seus carcereiros. Tais elementos não permitiriam traçar seu percurso "doméstico" e a evolução de sua vida interior.

Em 27 de novembro de 1901, Lucheni adquire o exemplar de 1902, mas nenhum vestígio desse manual existe, nem tampouco os dos oito anos seguintes passados na prisão da diocese. Mas, em compensação, o de 1901 se abre hoje aos nossos olhos e à nossa reflexão.

"Nosce te ipsum" (Conhece-te a ti mesmo). É desse modo e na rubrica "Máximas ou divisas" que o réprobo inaugura, ele mesmo, o programa desse ano que vai começar. A tomada de consciência que foi constatada desde o início de sua detenção parece se confirmar aqui. Mas isso não quer dizer que, intelectualmente, ele tenha deixado de lado toda forma de revolta. Essa se vê simplesmente modulada e canalizada na reprodução escrita e sistemática dos aforismos que a literatura profana ou mesmo a Bíblia lhe oferecem para ilustrar as infâmias, as hipocrisias e as esperanças do gênero humano.

O senhor Ernest Favre decidiu passar o primeiro dia desse século XX perto de Lucheni. A menção de sua visita, 1º de janeiro, é a primeira anotação que ele nos deixa. Com o passar das semanas, percebe-se que o visitante é assíduo; percebe-se também que, a cada visita, ele fornece a Luigi uma porção desse alimento cotidiano que Lucheni estima acima de tudo: um novo livro. Se considerarmos que quase nenhuma outra entrevista com quem quer que seja do exterior ocorrerá durante esse ano, torna-se fácil imaginar a importância e a influência desse contato constante.

É um homem de aparência respeitável. Sua barba cuidada e seu ar ponderado destacam a nobreza de seu rosto. É um filantropo cristão de cinqüenta e cinco anos que se consagra sobretudo à evangelização popular, além de sua função no quadro das prisões: presidente da Sociedade de Patronagem para a reabilitação dos prisioneiros que estão para ser liberados. Se Lucheni nunca for libertado, sua alma, em contrapartida, poderá encontrar uma saída salvadora. Favre, ao menos, está convencido disso.

O almanaque de 1901 nos mostra que Favre consegue convencer Lucheni a ler obras em francês e a se aperfeiçoar, assim, nessa língua que ele fala e que escreve ainda de maneira imperfeita. Até então, essa perspectiva não o tinha entusiasmado.

As leituras que Favre lhe propõe são, antes de tudo, orientadas para a religião e as virtudes morais. Visto que Lucheni conservou um fundo "místico", esse material o entusiasma. É assim que ele devora entre outras obras: *Um Estudo sobre o Antigo Testamento* de L. Burnier; *Lutero e a Reforma, A Família, Palavras de Verdade* de Gasparin; *A Marca de Deus na Estrada de Minha Vida, Você e sua Alma, Paulo na Terra e no Mar* de Otto Funke; *Viagem à Terra Santa, O Conde de Zingendorf* de Félix Bovet.

A biblioteca da prisão lhe fornece, também, uma grande quantidade de obras que ele assimila com o mesmo apetite.

Além disso, ele recebe, regularmente, *Os Anais, Leituras para Todos, A Loja Pitoresca, Volta ao Mundo, Através do Mundo*. Resumindo, podemos dizer que Lucheni lê, aproximadamente, apenas durante 1901, cinqüenta livros! Pode-se deduzir, conseqüentemente, que ele lerá entre 500 e 600 obras durante os doze anos de sua prisão.

Podemos constatar, além disso, que em 15 de novembro, ele encomenda *A Divina Comédia* de Dante, em língua italiana. Essa obra o marca de forma particular: ele copia várias vezes, com cuidado, "Inferno, canto III, versos 7 a 9 — *Per me si va nella citta dolente... Lasciate ogni speranza voi ch'entrate...*".[19]

Esse monumento da literatura italiana o afeta diretamente. Além da auto-identificação, sua visão de mundo aí se inspira já que ele contempla no almanaque os retratos de todos os papas que se sucederam desde São Pedro: "Personagens que Dante encontrou passeando pelo Inferno (6º círculo). Eu os coloco no último círculo, ou seja, onde estão Caim e Judas!".

O que ele retira dessas leituras? Um olhar desabusado sobre o mundo, mas também uma possibilidade, vez ou outra, de não se desesperar completamente. Ele copia cerca de 160 citações ou máximas. Sua preferência recai sobre Rousseau, Voltaire e os Enciclopedistas. O humanismo socializante e místico de um Lamennais encontra também graça aos seus olhos. Muito pouco espaço, em compensação, para os revolucionários: apenas uma citação de Robespierre! A filosofia, sim, mas todas as doutrinas, ainda que igualitárias, o deixam indiferente.

Ao ritmo das estações

Lucheni relata também alguns fatos de sua vida cotidiana em seu almanaque:

---

19. "Abandonai qualquer esperança, ó vós que entrais".

24 de janeiro: *visita MM. Visitantes de honra.*

29 de janeiro: *primeira neve (madrugada).*

23 de fevereiro: *fim de uma punição* (ele se erguera nas barras de sua cela e conversara com pessoas das janelas de uma casa da rua da Fontaine, o que lhe valeu um dia de masmorra e vinte dias na cela).

3 de março: *primeira trovoada.*

16 de março: *punição por ter esvaziado o penico fora da porta. Cinco dias de masmorra e dois meses sem leitura, na cela!*

O registro das punições indica: recusa de trabalho, atos grosseiros, injúrias e ferimentos em um guarda. De fato, Lucheni se queixa de não ter sido retribuído pelas 1.500 caixas que confeccionara em novembro. E ainda o fato de ter lembrado ao guarda sua própria incapacidade de bem executar tal tarefa foi interpretado por esse último como uma recusa de trabalhar.

22 de maio: *fim da punição pelo penico.*

11 de junho: *recebi um tablete de chocolate e uma brochura "Antes e Agora" do senhor Perret.*

Lucheni desenvolveu uma de suas raríssimas amizades com um outro detento, que foi liberado no fim do ano de 1899, Jules-Albert Perret, um prisioneiro nascido em Neuchâtel, condenado a 18 meses por ter roubado relógios de ouro. Completamente transformado pela vida penitenciária, ele escreveu, após sua liberação, várias cartas cheias de bons sentimentos ao diretor: "Por tudo que fez para amenizar minha detenção, que Deus o abençoe em tudo!". E, para que sua redenção penitenciária fosse total, convinha dividi-la com outros. A propósito da brochura transmitida a Lucheni: "Tinha a impressão de que essa leitura poderia ter, cedo ou tarde, uma boa influência sobre ele...".

18 de agosto: *olhadela (banho).*

1º de setembro: *escreve uma carta ao sr. diretor.*

2 de setembro: *mudança de horário de despertar = 6 horas.*

10 de setembro: *3º aniversário de um dia que não esquecerei jamais!... Na cela.*

14 de setembro: *recebi um tablete de chocolate de J.-A. Perret.*

25 de setembro: *visita de MM. Visitantes de honra.*

1º de outubro: *visita MM. Visitantes.*

4 de outubro: *visita M. Om (sic).*

2 de dezembro: *fui colocado para trabalhar junto com outro detento.*

25 de dezembro: *recebi um tablete de chocolate e um almanaque do sr. Perret, antigo detento.*

27 de dezembro: *enviei ao sr. Perret um par de babuchas.*

Na medida de seus parcos recursos, Lucheni manifesta seu reconhecimento e sua amizade por J.-A. Perret, dando-lhe um presente de Natal confeccionado por ele mesmo.

28 de dezembro: *gastei Fr. 3,50 por um par de babuchas.*

Quanto ao trabalho efetuado por Lucheni durante o ano de 1901, só precisamos consultar o almanaque para ter alguma noção: até 15 de março, ele anota, ciosamente, os detalhes de sua produção em encadernação e os ganhos que isso lhe oferece:

1.325 "jardineiras". Ganho: Fr. 3,05

3.128 "revistas". Ganho: Fr. 3,30

9.200 "caixas de vela". Ganho: Fr. 9,20

1.500 "caixas de balas". Ganho: Fr. 2,25

Depois dessa data, ele começa a confeccionar babuchas e deixa de escrever os detalhes de seu trabalho. Apenas em 29 de junho:

60 pares de babucha. Ganho: Fr. 6,30

Para suas despesas:

8 pacotes de tabaco: Fr. 1,60

1 cachimbo: Fr. 1.-

1 lápis: Fr. -.10

1 assinatura dos Anais Políticos: Fr. 7,60

1 almanaque Hachette para 1902: Fr. 3,50

1 almanaque do "Drapeau": Fr. 1,50

Em sua agenda anual, Lucheni se aplica, também, a fazer alguns desenhos cuidadosamente executados: uma silhueta replicada da "dama de negro" que o faz, irresistivelmente, pensar em Elisabeth da Áustria. Um cavalo elegante e bem proporcional, imagens de caleidoscópio etc. decoram também esse livro.

Se quisermos extrair o elemento mais relevante dessa "viagem" através do almanaque de Lucheni, só podemos repetir a que ponto as freqüentes intervenções de Ernest Favre contribuíram, sem dúvida, para forjar o novo homem, ávido de calor humano e de maior saber. Quando lemos que Favre, no final de sua vida e na hora do balanço final, declarara *ter tido a alegria de trazer um assassino para a fé*, podemos nos perguntar se ele não fará alusão a Lucheni, visto que só dois assassinos ficaram na prisão da diocese durante os últimos anos.

Visita dos doutores Ladame e Régis

Durante o período de 60 dias (a partir de 16 de março de 1901), em que Lucheni é impedido de deixar sua cela, ele recebe, em 10 de abril, a visita de dois psiquiatras-antropólogos: o doutor P. Ladame, professor da universidade privada de Genebra, e o doutor E. Régis, professor de psiquiatria na universidade de Bordeaux.

Eles pedem, primeiramente, para consultar o dossiê do regicídio, visando ter uma idéia prévia de sua inteligência e de sua conduta. Eles percorrem, assim, seu "exame pedagógico" ao entrar na prisão (dezembro de 1898). Todo indivíduo encarcerado em Genebra passa, com efeito, por uma prova de entrada que versa sobre leitura, escrita e ortografia, composição, aritmética e instrução cívica.

A composição de Lucheni é muito instrutiva. Ela é feita em italiano, pois ele conhece francês de modo superficial demais para ser capaz de expressar suas idéias. Ele então resume muito sucintamente sua vida:

Sua mãe "infame" o abandonou no dia do seu nascimento e, desde então, ele jamais foi um ser humano. Depois, uma frase muito intrigante (traduzida do italiano):

"...Pois, antes de confiar uma criança a pessoas que só a adotam para ganhar 7 ou 8 liras, você deveria se assegurar de que ela será criada conforme mandam as leis...". Essa frase parece insignificante para todos os investigadores da época, que não lhe darão a menor análise. É mesmo necessário, para eles, levar em conta a infância de um regicida para explicar seu ato? Mais do que isso, os dois médicos presentes não compreendem o significado real dessa afirmação.

Depois, há o encontro propriamente dito. Lucheni aprecia poder exprimir seus pensamentos, sem freios nem limite, nessa língua francesa que ele massacra ainda mas cujo sério aprendizado começou, sob o impulso de Ernest Favre. Um tema que ele não gosta de ver abordado na sua presença é o da saúde. A tendência da época, que consiste em colocar, sistematicamente, os regicidas na categoria de meio-loucos que visam à imortalidade por um grande ato, é, no que lhe concerne, refutada. Ele não aceitou, na época de seu processo, que Cesare Lombroso o fizesse passar por um epilético de nascimento com impulsos criminais.

Ele exige, assim, que seja reproduzida esta declaração: "Quero, acima de tudo, que vocês digam que não sou louco!".

Ele se deixa, contudo, examinar. Como disseram que ele abusou de mulheres, ele contesta, afirmando não ter tido nenhuma relação sexual até os vinte e quatro anos. Tendo uma fimose de tal natureza que o orifício era apenas perceptível, isso não lhe teria sido possível. A circuncisão foi praticada no regimento. Como prova, ele exibe seu pênis... Depois disso, ele teve apenas quatro relações sexuais com mulheres, duas vezes em Lausanne e duas vezes em Genebra, de maneira notável, na véspera de seu crime. Na prisão, ele se masturba uma ou duas vezes por semana. Sob o fogo das perguntas, ele confessa nunca ter tido relações com homens: "É na classe alta que isso acontece. Victor Hugo tem razão. Pessoas da aristocracia me fizeram propostas; é na grande sociedade que se cometem esses atos e não entre o povo, o camponês. O homem nasce bom, é a sociedade que o torna mau".[20] As alegações exprimidas em 1902 pelo professor Auguste Forel, segundo as quais "é indubitável que ele tenha vivido em concubinato com várias moças", são então infundadas. Revela-se igualmente sem fundamento a "dúvida" no que diz respeito às tendências homossexuais de Lucheni, expressa por Johanes Thiele em sua recente biografia da imperatriz da Áustria, intitulada *Elisabeth*.

Ao final de cinqüenta páginas de seu relatório, os dois catedráticos evocam a infância de Lucheni em apenas uma dezena de linhas. Pode-se notar a importância que eles dão a esse aspecto de sua biografia.

Ele declara suportar muito bem a vida carcerária na medida em que o tratam bem. O homem está claramente transformado, a ponto de, ao se lhe representar à frente o simulacro de seu assassinato, ele se perguntar se, de fato, era mesmo ele: "Desse modo, os senhores vêem, minha mão treme e só toquei um colchão, ao passo que não tive medo quando se tratava de um ser humano!?".

Lucheni lhes declara jamais ter sido anarquista e afirma não concordar nem um pouco com seu compatriota Malatesta que acredita: "As teorias anarquistas servirão para a reconstrução, aumentando o bem-estar na vida". Pelo contrário, ele considera que é preciso uma autoridade real: "A ordem não pode reinar sem mestre, nem em uma família de oito pessoas; imagine-se em famílias de milhões de indivíduos". Ele admite, assim, a necessidade de "mestres", tipo de déspotas esclarecidos.

---

20. A frase "o homem nasce bom, a sociedade é que o corrompe" é da autoria de Rousseau, permitindo aqui inferir as leituras de Lucheni (nota da preparação).

Em várias outras ocasiões, Lucheni se distancia daqueles aos quais quiseram associá-lo: “Dizem que os anarquistas não têm leis, não sou anarquista!”.

Como resultado de sua visita e na hora das conclusões, os dois médicos vêem em Lucheni um instável e um impulsivo que se anima de modo muito evidente quando fala de coisas que leva no coração. Ele “fica vermelho e treme então de um modo muito claro”, de forma bastante particular, quando evoca injustiças passadas, sobretudo após seu serviço militar. Antes de deixar Lucheni, eles lhe pedem para escrever algumas linhas, que reproduzimos aqui, em fac-símile:

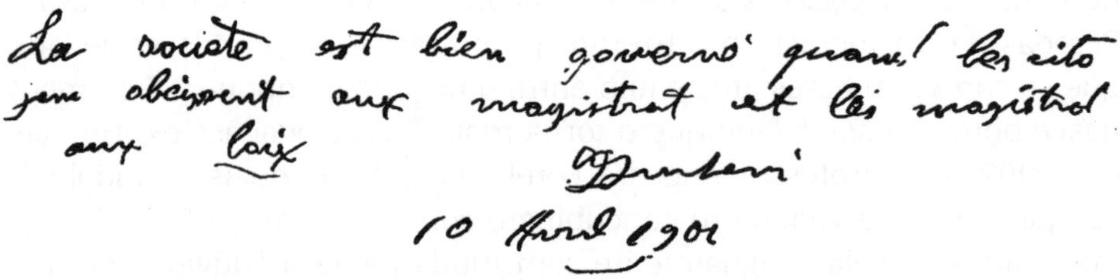
La societé est bien governé quand les sito
jen obeissent aux magistrat et lès magistrat
aux loix Lucheni
10 Avril 1901

“A sociedade é bem governada quando os cidadão obedecem aos magistrado e os magistrado às leis. L. Lucheni, 10 de abril de 1901.”

É interessante relatar que em 1901 a ortografia de Lucheni deixa muito a desejar. Mas essa citação de Solon[21] tem tanta importância a seus olhos que ele vai copiá-la em seu almanaque, dessa vez sem erro! (apenas uma pequena hesitação com o “s” de leis).

21. Político ateniense (640-558 a.C.) magnânimo em relação aos pobres. Deu também aos atenienses uma Constituição democrática (nota da preparação).

DE 1902 A 1907

Em 1902, Lucheni se destaca, ainda, por algumas turbulências e infrações à disciplina: 23 de maio, 1º de junho e, sobretudo, 22 de junho, quando pula no pescoço de um guarda e "o arranha com fúria", devido a uma história de colchão que lhe tiram durante o dia (20 dias a pão e água).

Desde então, o condenado se conduz bem, trabalha dando satisfação aos seus carcereiros e se dedica à sua única paixão: os livros, que ele compra na medida do possível, privilegiando Voltaire e Montesquieu.

Apenas a imprensa cotidiana difunde notícias falsas e alarmantes. Assim, em 17 de dezembro de 1905, *L'Éclair* anuncia que Lucheni teria matado um guarda e que seria acorrentado à parede... Na mesma data, *Le Télégramme* publica que Lucheni fugiu! O diretor Perrin deve, então, retificar, publicando em *La Tribune de Genève* de 18 de dezembro de 1905: "Lucheni se encontrava, ontem, muito tranqüilo na sua cela e como era o dia de descanso, consagrou todo seu dia à leitura".

Os *Annales Politiques et Littéraires*, de 20 de agosto de 1905, comparam Lucheni a uma *hiena na jaula que bate a testa nas paredes de seu cárcere, deslizando, pouco a pouco, para o embrutecimento e a loucura*. Lucheni assina esse jornal e não suporta o teor desse artigo. Ele manifesta, então, o desejo de se corresponder com a redação para mandar um desmentido. Esse favor lhe é recusado mas sua carta é, assim mesmo, colocada à disposição dos psiquiatras. E por que, então, esse meio favor? Simplesmente porque isso ajuda a fazer esquecer (àqueles que estão falsamente persuadidos a esse respeito) que ele mofa em um sórdido cárcere, proclamando, ao contrário, que passa dias felizes de estudo em uma prisão confortável:

"Saibam que estou em uma cela pintada a óleo, não situada sob a terra, mas, sim, no segundo andar, de onde vejo o sol nascer e se pôr...". Em seu discurso de defesa "a contrario" e em um francês que ele domina muito melhor que em 1901, ele coloca até um pouco de humor ao escrever: "À esquerda, entrando em minha cela, há uma cama digna de um sibarita;[22] há também uma lâmpada e uma campainha elétrica que se parecem com as do Hotel do Trocadéro, um espelho, marca: Saint-Gobain! Há ainda meu santuário, quer dizer, uma estante de três prateleiras: bem guarnecidas de livros e sem aranhas nem baratas (exceto algumas estúpidas moscas). Primeiro andar, Montesquieu completo; de J.-J. Rousseau não falta muita coisa; o terceiro andar curva-se sob o peso dos escritores romanos, e evito seu colapso sustentando-o com Montaigne e Pascal que se encontram no segundo andar. A Dante, que conheço de cor, eu o releguei para um lugar debaixo da cama".

Ou ainda: "Para convencê-los de que os bárbaros genebrinos submetem seus prisioneiros a torturas atrozes, saibam que como chocolate e que troco de meias a cada três dias. Disponho de dois lenços por semana, de um gorro de noite (como um capitalista) e gravatas, coisas desconhecidas por mim quando era homem, mas que uso desde minha metamorfose em hiena!".

O que, atualmente, mais o revolta, muito curiosamente, são os ataques que podem ser dirigidos contra a Suíça: "Vocês que conhecem tão bem as qualidades desse bom povo, como puderam permitir caluniar esta boa Suíça, e mais ainda, esse nobre cantão de Genebra...".

---

22. Sibarita: diz-se de pessoa dada aos prazeres físicos, à voluptuosidade e à indolência, a exemplo dos antigos habitantes de Sibaris (cidade da Magna Grécia) que, muito ricos, tinham fama de cultivar tais hábitos (nota da revisão).

De 1907 a 1909 (Redação das Memórias)

Após cinco anos estudando, e no anonimato que encontrou em uma cela propícia à introspecção, Luigi Lucheni decide escrever a história de sua vida. Ele controla, agora, suficientemente bem a língua francesa para poder vislumbrar uma tarefa tão ambiciosa.

A administração da prisão da diocese lhe fornece, então, cinco cadernos azuis oficiais que ficarão em propriedade dessa prisão. É preciso tomar muito cuidado com eles pois, na capa, as seguintes advertências estão impressas, tanto para os detentos como para o pessoal:

— É formalmente proibido arrancar folhas desse caderno ou destruí-lo.

— É proibido aos detentos emprestar ou trocar cadernos sem autorização.

— Qualquer outro modelo está proibido.

Imagina-se que, nessas condições, o diretor e os guardas estão perfeitamente a par do que ele faz e que, logicamente, eles vigiam a execução do relato e protegem os cadernos.

Que título ele dará a suas *Memórias*? É preciso que ele oriente o leitor para o essencial, que, por si só, resuma e justifique uma existência e suas conseqüências. Ele não é mais, já vimos, o fanfarrão de antes e quer se colocar na pele de um ser humano... potencial, que a vida desterrou, estação após estação, de seus direitos de felicidade...

HISTÓRIA DE UM MENINO ABANDONADO NO FIM DO SÉCULO XIX CONTADA POR ELE MESMO

Essas letras maiúsculas, fervorosamente entalhadas e invadidas de cor púrpura, abrem a primeira página do caderno nº 1 e tomam toda sua superfície.

Luigi Lucheni

História de um Menino Abandonado no Fim do Século XIX Contada por Ele Mesmo

Ao Leitor

Ofereço-te, aqui, a história da minha vida. Não duvido que, visto a originalidade de que se reveste, sua leitura te leve a pensar que são apenas mentiras.

Não acredite, contudo, que eu queira levar-te a reconhecer que te enganas. Essa é uma tarefa que não desejo assumir.

Entretanto, aconselho-te a agradecer aos deuses e a prestar-lhes sempre homenagem já que, talvez, não seja senão em virtude das benesses que deles recebeste que estejas pronto a julgar mal, a mim, a quem eles esqueceram completamente.

Se me perguntares qual o objetivo a que me propus escrevendo minha biografia, responderei que tais objetivos são numerosos; mas que, entre eles, buscarás em vão descobrir aquele que esperas encontrar: o de apelar à tua clemência — admitindo que dela sejas capaz. Se essas minhas palavras te surpreendem, previno-te que essa tua surpresa perderá sua força ante a leitura desta história verídica.

Continuarás inabalável depois de tal relato? Duvido. E é por isso que, desejoso de convencer-te, lembrar-te-ei, se tiveres esquecido (esquecemos facilmente os infelizes), que, agora, estou morando em um mundo a que a todos os habitantes, indistintamente, é permitido filosofar; e que, nesse planeta, é possível tornarmo-nos filósofos (em parte, também, porque aqui a isso somos forçados...) sem ter necessidade de estarmos rodeados de janelas; qualidade que, deves saber, é ainda absolutamente indispensável em teu mundo para que ele possa ainda produzir aqueles que emulam... a Diógenes. Se colhi frutos dessa sabedoria? Sim, e suficientes para poder pagar-te a dívida que contigo contraí em troca do quinhão de sol de que me privaste.

Que tua consciência esteja em paz, são assim meus votos sinceros. Desejo, também, que desfrutes de tanta felicidade quanto experimentei de agruras misturadas ao desprezo com que, então, esmagavas minha humilde probidade.

Assim, não tens razão de te queixares à Providência.

Desejas conhecer os objetivos que me levaram a fazer essa empreitada? Pois bem, dir-te-ei três, os mais importantes:

1. Para que esses sábios, que parecem se interessar tanto pelas vítimas das injustiças sociais, uma vez que eles os vêem cair no abismo, tenham de abandonar o longo e estreito caminho que percorrem e passem a lhes demonstrar compaixão — é um caminho que não tem fim.

Que, se essa compaixão for de fato sincera, caminhem pela estrada larga. Seu percurso breve não lhes permitirá, é verdade, aumentar suas fortunas (fortunas que, ademais, já devem ser bem vultosas já que os impedem de cair sob os golpes... de suas doutrinas); mas eles se viriam forçados, ao menos, a renunciar a proclamar teorias absurdas que só não ofendem a Natureza porque ela os despreza.

Certamente não ignoro o serviço à Humanidade que essa doutrina poderia prestar aos infelizes a partir do dia em que legisladores inserissem seus preceitos nos códigos penais. Não obstante, devo confessar que, de minha parte — e me lamentando por aqueles que, como eu, a injustiça levará pelo mesmo caminho —, estou longe de desejar-lhes tal honra; porque minha convicção é de que essa doutrina, uma vez abrigada nesse santuário, só serviria a fantasmas que tomariam e estorvariam o pedestal destinado à verdadeira Justiça: única deusa em que os desvalidos esperam... Se, por não ter eu seguido cursos universitários (não é minha culpa), qualificarem meus sentimentos de absurdos, responderei a esses sábios que, para discutir tal assunto, possuo, além da virtude de conhecer-me a mim mesmo, uma grande qualidade: qualidade essa que ultrapassa todas as de um Lombroso...

Eu vos convido, assim, a todos, ó criminalistas, se quereis absolutamente saber como se altera a natureza humana, a ler esta biografia que é a biografia de um criminoso... artificial.

2. Para que estes arautos do chamado progresso social (progresso que só traz bons frutos para eles, acredito), antes de afinar seus instrumentos, consigam se interessar um pouco mais pela infância abandonada que desde o dia do nascimento se vê privada desses dons infinitamente preciosos os quais a Providência outorga a todas suas criaturas — as carícias, os sorrisos, os beijos de uma mãe — e isso pela imprevidência dessas leis que governam uma sociedade orgulhosa de ser civil. Parece também que, se os deixam viver, é só para poder usá-los mais tarde quando, ven-

do seu produto ameaçado, os PODEROSOS, para assustar suas vítimas, terão necessidade de dar exemplos do rigor das leis: leis concebidas por eles, grandes ladrões. Então, nessa hora, eles saberão provocar os infinitamente pequenos, persuadidos de que as picadas de seu aguilhão, **porque eles os sabem acovardados**, só podem produzir feridas insensíveis. Eles têm razão, assim, de se surpreender.

3. Para dar, por alguns meses, uma nova ocupação ao meu espírito; ainda que ele já possua o suficiente para se alimentar à vontade. Só o riso, um riso que me força a segurar as ilhargas,[23] ocupa-o ao menos quatro horas por dia. O que o ocasiona? As meditações que faço sobre os habitantes do teu planeta, ó leitor, e sobre os tombos que sofrem para chegar à MESA...

A propósito, é preciso que saibas que muito me surpreende que a classe ABENÇOADA seja tão pouco agradecida a seu deus; que, como o deus da CANALHA, deveria ter templos — templos de ouro. Mas já ia me esquecendo que é nessa classe que reside a Prudência... Quem é esse deus? É um homem que vive na cidade das flores (em um mundo de rosas?).

Quis, assim, tentar escrever a história de minha vida, com a esperança, confesso, de que terei alguns leitores que, não possuindo a PERSPICÁCIA de alguns Alienistas, irão se persuadir bem facilmente de que não foi um idiota, como adiantaram esses Senhores, quem assassinou a infortunada imperatriz. Aliás, os idiotas não dirigem seu olhar para tais alturas; já que, convenhamos, a visão deles é ofuscada por essas numerosas NUVENS de que os habitantes dessa alta esfera sabem bem se cercar. Precaução absolutamente indispensável, admito, para a manutenção de sua SAÚDE; já que está provado que o clima, nessa altura, é muito perigoso... em tempos SERENOS...

Acusaram-me também de ter cometido meu crime movido pelo desejo de uma GLÓRIA FALSA. Também isso é perspicácia pueril; ainda que — admitindo-se tal fato — estivesse eu motivado por tal vaidade, ela ter-se-ia demonstrado, operário que eu era, uma qualidade acima de minha condição; já que, sabe-se, essa vaidade só se vê naqueles que se encontram colocados nas esferas superiores. Por conseqüência, aqueles que se obstinam em ver só esse MOTIVO, devem também admitir que é à sociedade que pertence o erro; já que, se não me tivesse negligenciado, ela teria tido tempo para adivinhar e sufocar meu NOBRE instinto; e, assim, não me forçar — pela recusa em me dar os meios para ter um diploma BRANCO — a procurar, de graça, um que fosse VERMELHO, em outro lugar.

Direi, de passagem, que a massa da qual todos esses documentos se compõem é absolutamente a mesma; só a cor da capa os distingue. Cor que, talvez, volte, com dignidade, daqui a algumas gerações, como já o

23. Ilhargas: flancos; laterais do corpo. A expressão faz menção ao rir em demasia de forma a sacudir o corpo (nota da revisão).

era antes. Já que, cá entre nós, não é graças ao crime de seus antepassados que os COLOSSOS de hoje são senhores de seus hectares, ou seja, dos meios de obter a glória?

Certamente, ó jornalistas, vossa profissão vos força a dar aos crimes causas contrárias àquelas que os ocasionam, e isso sob pena, se ousais dizer a verdade — como dizeis quando o assassino é DE CLASSE ABASTADA —, de vender um menor NÚMERO DE EXEMPLARES. De qualquer modo, esta biografia vos mostrará bem se é com o espírito de queimar templos, ou se é com aquele que movia Spartacus, que seu autor fez funcionar suas máquinas.

Ainda que não ignore, leitor, que é somente no teatro, diante de algumas cenas criadas pela imaginação de teus eruditos (criações mesquinhas, de sobra, se as comparamos à triste verdade), que ainda encontras algumas lágrimas para derramar e que, fora disso, tua cisterna fica sempre seca, prevejo, entretanto, que quando da leitura desta **infância alegre**, poderão se formar em ti nuvens carregadas o bastante para forçar-te ao pranto. Se minha previsão estiver correta, não te apresses, após tal tempestade, a correr para seu Saint-Gobain[24] para reparar os desgastes que eles terão deixado em tua pele superdelicada; espera até que eu mesmo te envie o remédio, quer dizer, prossegue a leitura até que algumas pilhérias façam jorrar tua outra cisterna: a do riso.

Vê, falando de pele superdelicada (quero mesmo acreditar que sejas bem modesto para não pretenderes ser SUPER, e felicito-te), acabo de me lembrar desses Golias "colocados no centro da roda"(Pascal)...[25]

O que esses Gigantes têm a ver com minha história? Muito e, confesso, é a eles que gostaria de dedicá-la. Já que, é bem justo, agora, para lhes dar os atenuantes que exige a falsa instrução que receberam (instrução que, afastando-os infinitamente da realidade das coisas, os deixa ignorantes dos males infinitos que ocasiona a seus semelhantes o inútil supérfluo que os rodeia); eles poderiam, lendo essas biografias, chegar a se persuadir de que é mesmo um crime de lesa humanidade, profundamente funesto, o de instruir seus filhotes com livros contendo apenas o ABRE-TE SÉSAMO, sem adverti-los de que tal porta exige, todas as vezes que se abre, a construção de uma nova bastilha. Eis por que elas aumentam.

Dirás, leitor, que estás inclinado a crer na Fatalidade mas ainda algumas dúvidas te impedem de te declarares um fatalista? Bem, aproveita então porque, se tiveres o cuidado de me leres atentamente, verás tuas dúvidas desaparecerem e tua fé se tornar inabalável.

24. Referência ao espelho de boa qualidade (nota da preparação).

25. A erudição adquirida por Lucheni mostra-se aqui nos paralelos que sabe estabelecer entre diferentes literaturas, citando personagem da Bíblia e a obra *Pensées* de Blaise Pascal (nota da preparação).

Para mim, ainda que sejam numerosos os momentos em que as mínimas coisas foram suficientes para mudar o curso de minha vida, estou longe, muito longe de acreditar na existência desse poder cego — como o confesso àqueles que se dizem tão clarividentes.

Convencido de que serás um juiz imparcial, e afirmando-te que serei, em minha narrativa, de uma sinceridade extrema, gostaria de pedir-te, leitor, um favor. Qual? Este: destaque uma folhinha de teu caderno; medite um instante sobre um número de pontos — cem, por exemplo — que atribuirás a meu crime e escreve-o na coluna DÍVIDA.

Isso feito, terás cuidado, durante a leitura, em anotares na coluna como CRÉDITO todos os pontos que me poderiam ter merecido sejam meus infortúnios, sejam meus defeitos e minhas boas qualidades — e os registrarás nas colunas respectivas. Inútil dizer que não deves punir a temperatura de minhas idéias; pela simples razão de que não há termômetro que as possa medir, já que essa medida depende do grau de teu PECÚLIO. É alto?: irás considerá-la elevada. Não é nem muito nem pouco?: não irás considerá-la nem alta nem baixa. Não tens camisas sobressalentes?: irás considerá-la baixa.

Se, depois, fazendo as contas, achares que os totais não são muito diferentes — o que significaria que a sociedade é, um pouco, minha cúmplice, e que conseqüentemente sou menos culpado do que acreditavas antes — e que estás pronto, assim, a me lamentar, dirige toda a compaixão que terias por mim às pobres crianças que encontrarás andando soltas pelos caminhos.

Interroga a essas infelizes, e dá-lhes a esmola de algumas palavras parecidas com aquelas que dás a teus próprios filhos — como se elas e teus filhos fossem verdadeiros irmãos. Pode ser que o sejam realmente... e bem do teu lado.

Não sabes que para elas uma palavra poderia bastar para deixá-las, mais tarde, menos infelizes — quer dizer, menos nocivas para ti mesmo?

Não esquece, também, os velhos sem nem casebre, porque, em geral, se eles não o têm, é porque quiseste construir a tua casa um pouco maior.

É a esses atos que te convido, não para me recompensares por esse trabalho, pois o ofereço de graça, mas para enviar frêmitos de alegria às NOBRES ALMAS do meu colega (*sic*):

Prisão da Diocese, 1907 — O TÍMIDO NAZARENO

O GENEROSO COSMOPOLITA — Assinado: Luigi Lucheni

Introdução

O Que Sei de Meus Pais Verdadeiros

"Você nasceu em Paris de pais italianos, seu pai é desconhecido, sua mãe também; esses aqui não são os verdadeiros."

Era com essas palavras que, sem preâmbulo, punia-se meu orgulho por me obstinar em defender minha origem, origem que acreditava legítima para essas duas pessoas que, até então, eu chamara com estas divinas palavras: pai, mãe.

Quem era esse importuno genealogista? Uma criança com dez anos que, acredito, devia possuir em seu brasão a mesma divisa que eu. Minha idade? Tinha então oito anos e, pela segunda vez, estava de novo hospedado no *Hospice des Enfants Trouvés* de Parma.

Foram esses os primeiros indícios que soube sobre os autores de meus dias. Direi, adiante, em que circunstâncias me deram essa notícia que, embora me deixasse indiferente, naquele momento, por acreditar absurda, demoraria muito a me convencer de que era, de fato, a triste verdade.

Seis anos depois, ou seja, aos meus quatorze anos, aprenderia ainda duas palavras a respeito de meus pais; duas palavras que, desde então, sempre honrei e reverenciei: o sobrenome e o nome de minha infeliz mãe, Lucheni Louise. Foi um momento de felicidade que experimentei nesse dia quando, abrindo um envelope que tinha acabado de receber e que continha meu passaporte, li pela primeira vez esse nome, anunciando-me que eu também tinha uma mãe — dessa vez uma mãe de verdade.

Pois, das falsas, eu já tinha tido o suficiente.

Contudo, minha alegria não iria durar muito. Tinha me persuadido de que, agora, sabendo o nome de minha mãe, seria fácil encontrá-la; mas onde procurá-la?

Eu mantinha os ouvidos atentos e corria quando, por acaso, ouvia chamarem a alguém '"Louise" para perguntar-lhe se ela não se chamava também Lucheni; só recebia em troca zombaria.

Vós todos, ó filantropos das sociedades **muito cristãs,** que para testemunhar que SEGUIS o caminho do MESTRE, tendes o hábito de enxotar os **criados** que atrapalham os vossos preciosos angorás acariciando seus filhotes sobre vossos sofás, conseguis ver essa criança que, ignorando, ainda, as conseqüências da vida social e escutando apenas a natureza (porque vós esquecestes de afastá-la dela), com tanta inocência indaga, aqui e ali, para encontrar sua mãe — mãe que jamais conheceu?

Conseguirá encontrar esse seio que aceitará sem reservas tal amor que transborda — amor que os outros desprezam?

Pois, sabei: é por isso e para isso que ele procura sua mãe, o pobrezinho! Por que, então, ó filantropos, vós que sabeis onde está o seu tesouro, não vos apressais a lhe mostrar o local?

Não sabeis que o amor desprezado leva ao ódio, ódio que, pela sua própria essência, servirá de suporte a todos aqueles que nascem de vossas instituições (famosas por sua fecundidade); sem qual fundamento, o edifício não teria, talvez, sido erguido?

Não digais que sabeis menos que ele desse negócio que o interessa tanto! Vós sabeis muito bem; e a prova é que, para lhe ensinardes isso, ele só precisará, mais tarde, golpear com uma punhalada um de vós.

É então que ireis aumentar sua dor — a passo, a trote, ou a galope, segundo a qualidade **de estofo** que ele tiver perfurado — desvendando-lhe o mistério de seu nascimento; mistério para o qual ele não tem mais tempo de olhar.

Com efeito, se hoje estou em estado de dar algumas explicações sobre meu nascimento e seus autores, é ao meu crime que devo isso, pois só depois dele é que me foram reveladas.

Recebe, então, ó lima, instrumento assassino, o reconhecimento que lhe devo pelo serviço que me prestaste; serviço que tu, ó probidade guia da minha vida até então, não me poderias ter dado jamais, ainda que a tivesses guiado até eu atingir a idade de Matusalém.

Eis o que sei desse negócio:

Minha mãe é de Albareto,[26] cidadezinha que forma uma das comunas da província de Parma (redondezas de Borgotaro).

---

26. Os documentos de Louise indicam "Dalbavito" (NDE).

Esse vilarejo, que conheço porque ali pernoitei certa vez indo de Parma a Gênova, está situado em uma das montanhas mais altas dessa província. Seus habitantes, por volta de trezentos, são — salvo alguns janotas, com o rei na barriga — camponeses simples que se alimentam, em sua maioria e quase o ano inteiro, de castanhas, principal produto dessas montanhas.

Totalmente analfabetos e ignorantes do que existe além dos cumes que os rodeiam, eles falam, durante invernos inteiros, da viagem que um deles fez para conduzir as mulas do patrão, carregadas da colheita levada ao mercado de Parma — distância de aproximadamente 75 quilômetros.

Não é entre os janotas, claro, que estão os pais de minha mãe, pois sua infeliz filha tinha senhores que a usavam como pastora.

. . . .

Por que, ó pastora, não fizeste diligentemente seu dever como o fazias há seis meses?

Não vês que as ovelhas pastam distante, naquele campo em que ele te proibiu de as deixar entrar? Qual o quê! E, apesar das reprimendas e talvez também de algumas pancadas que receberás essa noite se sua negligência for descoberta, continuas sentada, aqui, embaixo da castanheira?

Vejamos! Tira esse avental que cobre teu rosto!... O que há? Choras?

O que te falta, diga, por que choras?

Tu me mostras a barriga e dizes que aquele que te fez isso não te sorri mais, e tremes ao pensar que seja um indício de que ELE não manterá sua promessa; promessa que ele já deveria ter cumprido?

Diga-me, ó infeliz, quem é o autor desse dano?... Como? Dizes que é o filho de teu patrão? Ah, pobre Louise, seca logo essas lágrimas; não tenhas medo, mais tarde terás tempo de derramar outras mais amargas! Reúne toda a coragem que ainda possuis. Senta-te, agora, no buraco dessa árvore para não caíres se, de repente, faltarem-te as forças. Responde a minhas perguntas:

— A quem pertence aquela casa, ali distante, com estuque amarelo?

— Ao meu patrão.

— E a encosta dessa montanha onde as árvores são tão grandes?

— Ao meu patrão.

— E esse aglomerado de casebres em um dos quais moram seus pais?

— Ao meu patrão.

— E o belo rebanho de ovelhas — deixa-as pastar, estão seguras por agora; não vês que elas, sozinhas, deixam seu Éden? A quem é que elas pertencem?

— Ao meu patrão.

— Vê, Louise, um dia desses, todos os bens dele irão para seu filho único, aquele que prometeu esposá-la. Como podes ser tão tola para acreditar que ele ainda manterá a promessa que te fez; a ti que, para ser dona de uma roupa de oito francos, precisas conduzir suas ovelhas ao pasto durante dois meses?

Falemos claramente: FOSTE TRAÍDA!

Deuses das sombras e das luzes, sede clementes o suficiente para que o desmaio dessa infeliz seja eterno! Por que a traríeis de volta à vida; não vedes as dores que a esperam caso ela reveja o dia? — Sois cruéis, ó deuses, pois a infeliz reabre os olhos. Desencadeai, então, vossa fúria; deixai que caia sobre a abandonada; prometei-lhe que, depois da refeição que fará sobre ela, fará ainda uma outra sobre o ser que ela traz no ventre.

Sabei, no entanto, que esse ser se tornará bem forte para desafiar-vos e retribuir todos os golpes que vossas garras desferiram...

E agora, Louise, que conheces o fruto que produziu essa triste união, como farás para engoli-lo, a ele, que é tão amargo?

Não vês os risos que começas a provocar nos vizinhos quando eles te vêem? Um dia desses, teus pais o saberão também; teus pais, a quem tanto amas. E então? Dizes querer fugir antes que eles o saibam, mas não sabes para onde ir? Bem, dize-o ao traidor, essa noite, quando conduzires tuas ovelhas ao curral. Verás que até ele ficará contente com tua decisão, pois não será, para ele também, uma vergonha se ficares na cidade?

Pai indigno, não acredites que o trabalho que tiveste para tornar mais fácil livrar-te do fardo de tua vítima te ajude a obter meu perdão. Reconheço, é verdade, que essa ação é desconhecida de teus infames rivais; entretanto, saiba que, se os deuses escutam minha oração, tu és maldito por teu filho.

É graças à cumplicidade de seu traidor, com efeito, que a infeliz pode executar seu projeto; projeto que constituía em abandonar para sempre os horizontes e o vilarejo que a tinham visto nascer, as amizades que possuía, e partir sem dizer adeus a seus pais — pais que ela não devia jamais rever.

Corai, ó MERCADORES DO GRANDE MUNDO, com vossas incontáveis gerações de nobreza. Para que servem, por favor, essas supostas cidadelas de vossa honra?

Se entre vós algumas delas caem (e estas são numerosas, faz tempo que o sabemos), isto vos ditará o sacrifício que se impôs à rústica camponesa?

Uma TEMPORADA no Egito, outra no Righi, é tudo o que se lhes exige, uma vez que "mesmo que os VOSSOS pecados sejam como escarlate, tornar-se-ão alvos como a neve; ainda que sejam vermelhos como carmesim tornar-se-ão como a lã" (Isaías, capítulo 1, v. 18).[27]

Corai ainda, e inclinai-vos diante da pastora que passa.

Onde ela vai? Não lhe façais esse tipo de pergunta! Que pode ela saber, a pobrezinha? Aonde a levará esse SENHOR que vedes andar dez metros à sua frente, porque teria vergonha de se deixar ver com ela?

É para Paris que o ARISTOCRATA levou a CAMPONESA; e é nessa cidade que, em 22 de abril de 1873, a pobre Louise, entre a surpresa de tudo que via a sua volta, deixa, enfim, seu fardo, esse fardo que acabava de lhe custar tão caro. A partir desse momento, segundo a lei da Natureza, a infeliz deveria começar a gozar do fruto de seus sofrimentos passados. Mas, para ela, a sociedade iria causar uma nova dor, bem mais cruel do que aquelas que sofrera até então.

Sim, Louise, tu és mãe, mas sem teu filho.

— Ai de mim! A Santa Virgem teria permitido à morte roubar-me meu pequenino? (Anjo?)...

— Deixe de lado a Virgem; ela pode menos que ti. Não, teu filho não está morto, ele ainda vive e está muito bem. (Dizei, dizei: INFORTÚNIO! Ó Gigantes, tanto faz para mim.) *Como zombastes de mim e zombai, ainda, de minha dor*. Mas o que desejavas fazer, ó Agar, de teu pequeno Ismael![28]

Não vês que tua jarra está vazia e que teu cesto não contém mais pão? Não espere que Jeová envie algum de seus criados para socorrer-te!

Não estamos mais nos tempos de Abraão — Abraão, o VENERÁVEL PATRIARCA que rejeitou sua pobre serva... e seu filho, seu próprio filho, o AMIGO dos deuses, os deuses dos órfãos. Abandona então a esse teu pequeno; não vês que, se o guardas contigo, vão encontrar-vos, amanhã, os dois mortos de fome atrás daquela cerca ali distante?

---

27. *A Bíblia de Jerusalém*, edições Paulinas, p. 1.359, 1991.
28. Referência à história bíblica (nota da preparação).

Sê então corajosa, ó Louise, e suporta também essa nova infelicidade, ainda que seja a mais terrível que possa acontecer a uma mãe.

Aliás, não estás contente em saber que a SOCIEDADE vai acariciar teu pequeno como tu mesma o teria acariciado?

Não tenhas medo, afasta de ti os maus pressentimentos que tens em relação a seu futuro; eles não têm nenhuma razão de ser! O quê! Talvez nos tomes por BÁRBAROS? Ignoras que, graças ao grau de PROGRESSO e de CIVILIZAÇÃO a que chegamos nesse fim de século, faremos de teu filho um artesão honesto, útil aos semelhantes?

Prepara-te, então, para partir e para partir sozinha. Passa-me esse lenço vermelho, GARANTIA E RECIBO de todos teus males, para que eu ali feche tuas pobres roupas, únicos bens que possuis nesse mundo.

Fica pronta. Ele virá apanhar-te para conduzir-te a um vapor que parte para a América do Norte; e, na despedida, verás se afastarem ele e essa parte do mundo que jamais verás outra vez.

Ignoro, ó querida mamãe, se ainda estás viva ou se os deuses, arrependidos dos males que te causaram, fizeram a graça de chamar-te para junto deles antes que se realizassem os pressentimentos que tinhas sobre o futuro de teu filho.

No entanto, conhecendo a inclemência desses tiranos, estou inclinado a acreditar que ainda estejas viva, ó mamãe. Nesse caso, afasta de ti a idéia de que teu filho, por estar privado de sol, tenha maldito aquela que o carregou em seu ventre.

Maldizer-te! Ah! Querida mamãe, como poderias acreditar que teu filho fosse tão ingrato! Acaso ele não conhece os sofrimentos que te causou desde o dia em que manifestou sua presença em ti?

Será que ele não sabe, agora, que eras apenas uma pobre criada que não tinha outro protetor a quem confiar teu único tesouro, a não ser a IGNORÂNCIA? Estejas, então, tranqüila, ó mais infeliz das mamães; e saibas que teu filho, teu filho que nunca viu os traços de seu rosto, longe de maldizer-te, ajoelha-se à tua frente para pedir-te perdão de todos os males que por ele padeceste.

Recebe, então, ó mamãe, esse testemunho de meu amor; esperando que minha alma, que saberá reconhecer a tua, voe para enlaçar-te em um abraço que durará eternamente.

Adeus, muito querida mamãe, adeus.

Foi para o orfanato de Saint-Antoine das crianças abandonadas, em Paris, que me levaram no meu segundo dia de vida. E foi nesse orfanato que me alimentei até o fim do meu sexto mês.

Ai de mim! Franceses, vós que vos queixais tanto do atraso de vossa vingança (não pensem mais nisso, acreditem-me; não vedes que ELES são HOMENS?...), atraso que se deve, ao menos em parte, aos jogos frívolos que acumulais, sem parar, no galinheiro e que fazem com que à poedeira (de acordo com seu rei, achando essa situação muito boa) importe muito pouco a presença de pintainhos ao redor — por que enviastes ao Jardim da Miséria esse futuro carrasco?

Não digais que a punhalada que ele ia dar após sua dispensa vos trouxe arrependimento por vossa fraude!

Embora, franceses, eu acredite que a pequena pena que produziram vossos trinta e seis anos de República esteja ainda longe de poder compensar os danos causados a vossas florestas — falo dos pinheiros que PODASTES... Devo, no entanto, reconhecer, e vos felicito por isso, que os cuidados que estendeis às crianças abandonadas podem já ser suficientes para impedi-las de se tornarem, mais tarde, hóspedes da Guiana.[29]

Em uma palavra, se Lucheni tivesse crescido convosco, não teríeis tido a HONRA de haver feito dele um assassino.

Essa honra pertence a outros.

Foi com dezesseis meses que me levaram, de Paris, para o Orfanato das Crianças Abandonadas de Parma. E isso graças à solicitude dos magistrados dessa província que, temendo que seu CARO CIDADÃOZINHO fosse sofrer se continuasse nas mãos desses habitantes das comunas de além dos Alpes, se apressaram, como verdadeiros filantropos, a reclamá-lo e fazê-lo trazer a seu asilo para que ele ali pudesse gozar os bens de sua piedosa filantropia.

Orgulhai-vos, então, ó veneráveis magistrados de Parma, de ter mostrado aos franceses o homem em que soubestes transformar aquele pequeno gorduchinho que eles lhes enviaram. E vós, dirigentes da bela Itália, não sejais tão arrogantes ao conduzi-la!

Não vedes que a podridão com a qual ela está coberta se transformou em chacota entre todos os povos que, outrora, chamáveis BÁRBAROS? Livrai-vos então, livrai-vos dela... antes que a lepra se mostre...

29. Local (prisão) na América do Sul para onde eram enviados condenados franceses (nota da preparação).

Primeira Parte

Minhas Lembranças de Criança

É a partir de meu sexto ano que começo a história de minhas memórias. Encontrava-me, nesse tempo, morando com o casal Monici. Eles moravam na cidade de Parma, rua do Naville, nº 20.

Nessa época, os Monici tinham idade avançada; ele, sessenta e dois anos, ela, cinqüenta e nove. Do casamento tinham tido três filhos: dois meninos e uma menina. Os três, na época referida, já tinham casado e moravam separadamente, em outras ruas. Logo, eu vivia sozinho com os velhos Monici. Eu os chamava pai e mãe.

Em minha vida com eles não existe nada de que possa censurá-los. Ao contrário, do pouco de que me lembro, eles me amavam como se fosse — e como acreditava sê-lo — um de seus próprios filhos. Eles me enviavam à escola todos os dias; mantinham-me limpo e bem vestido; eu podia surrupiar pão quando queria, pois o armário estava sempre aberto e sempre bem fornido. Dormia em uma cama pequena em frente à deles.

Monici era sapateiro de profissão, ainda que nunca o tenha visto fazer sapatos novos, mas apenas consertar antigos — o que em italiano se chama **ciabattino**. Ainda que pequeno, já podia fazer algumas tarefas, seja indo buscar serviço, seja levando o trabalho pronto para a clientela.

A senhora Monici era lavadeira e ficava fora de casa quase todo o dia, menos aos domingos.

Monici, como todos os homens, tinha também seu defeito: o de imitar Noé (outro amigo dos deuses) — com consciência, entretanto.

Lembro-me de o ter visto, com freqüência, voltar bêbado para casa e, várias vezes, ser trazido por companheiros... um pouco mais moderados. Essa lembrança continua muito viva em minha memória porque Monici, todas as vezes que voltava para casa nesse estado, tinha o hábito de me pegar em seus braços para esfregar seu longo bigode no meu rosto, dizendo que queria me ver também com barba e que, para isso, era preciso ter "semente"; "semente" que, segundo o vapor da bebida que consumira, só sua barba era capaz de produzir — era minha tarefa fazê-la germinar e... a dos genebrinos a de ceifá-la.

Nem é preciso dizer que os gritos que eu dava durante a **semeadura** eram suficientes para acordar todos os moradores da rua; pois, acreditem-me ou não, nessa época, minha pele ainda era delicada...

Entretanto, não se deve acreditar que o defeito de Monici o tenha impedido de se interessar pelo bem-estar da casa. Diferente de seus colegas, Monici tinha o hábito, antes de satisfazer sua inclinação, de dar à sua mulher a metade de tudo que ganhava. Ele era um bom trabalhador, não descansando, salvo algumas segundas-feiras, e isto muito raramente.

Ainda posso vê-lo sentado em sua bancada, diante da única janela que iluminava o quarto. O fato de ter sempre morado na mesma casa é para mim prova de que Monici não deixava de pagar o aluguel.

A escola que freqüentava, o Abrigo Infantil, fornecia aos pais que para ali enviavam seus filhos uma comodidade especial. Estava aberta todos os dias, exceto domingo; acolhia as crianças às oito horas da manhã e as enviava para casa às cinco horas da tarde. Gratuitamente os alunos recebiam, ao meio-dia, seu almoço: uma sopa. Desnecessário dizer que essa escola só estava aberta para os mais indigentes ou, como era meu caso, para aqueles que tinham pertencido ao orfanato. A criança, para ser aceita nessa escola, devia ter no mínimo quatro anos; e podia ali ficar, no máximo, até o fim de seu oitavo ano.

Terá sido pelo fato de eu ter chegado à idade em que essa escola me fechava suas portas e, também, porque nessa idade a quantia mensal que lhes pagavam para me criar era pouco mais de cinco francos por mês (em vez de oito), que os Monici me devolveram para o orfanato? Ignoro-o.

O fato é que no dia em que completei meu oitavo ano, eles me conduziram de volta ao orfanato.

Alguns dias antes de me levar, Monici teve o cuidado de me avisar, explicando-me o motivo que o obrigava a assim agir.

Como ele dizia, era só por se interessar por mim que ele pensava em meu futuro. "Na casa onde eu o levarei", me disse, "você poderá freqüentar a escola até os doze anos; chegando a essa idade, vão lhe perguntar qual profissão você quer aprender e você logo começará sua aprendizagem. Como você vê, meus cabelos já estão brancos, tenho sessenta e quatro anos; é uma idade em que, um dia ou outro, a morte poderá privá-lo de minha ajuda; o que seria de você se eu morresse?"

"Na casa onde vou colocá-lo, você encontrará essa ajuda."

Eram essas as palavras que o bêbado Monici dirigia a alguém que, no fim das contas, não devia lhe importar nada. Onde encontraríamos um membro da sociedade dos sóbrios, admitindo mesmo que fosse o mais fanático bebedor de xarope, que tenha tido uma conversa como essa, não digo com uma criança abandonada, mas com seu próprio filho? E, no entanto, foi isso o que disse aquele que era considerado um bêbado.

Respondi a Monici com as respostas que pode dar uma criança dessa idade. Disse-lhe, por exemplo, para tomar cuidado em nunca se descobrir para que a morte não conseguisse ver seus cabelos brancos, e para responder àqueles que perguntassem sua idade que ele só tinha dez anos.

Assim, em 22 de abril de 1881, dia em que completava meus oito anos, os Monici me conduziram ao orfanato prometendo que todos os domingos um dos dois viria me ver. Essa promessa, eles a mantiveram até o dia em que, tendo pedido para ver seu Luigi, responderam-lhes que ele não estava mais no orfanato (ai de mim!). Convenhamos que minha idade não era tão avançada para me permitir entender se a mudança que iam impor a minha vida seria proveitosa ou nociva ao meu futuro. Será que uma criança de oito anos deve ter essas preocupações?

Entretanto, devo confessar que, apesar do poderoso calmante de que os Monici me muniram, enchendo meus bolsos de doces para me impedir de chorar, foi chorando muito que fiz o trajeto de uma hora que nos separava do orfanato.

Certo, eu era jovem; mas me era fácil adivinhar que, uma vez de volta a essa grande casa, os Monici, que até então tinham respondido aos meus chamados de pai e mãe, não estariam mais ali para me responder.

"Quem então os substituirá?", perguntava-me.

Esperando que na direção do orfanato procurassem uma matrícula que deveria certamente atestar meu nome, tomo como tarefa dizer algumas palavras sobre sua administração.

Cada uma das sedes da província, na Itália, possui um orfanato para crianças abandonadas. Ignoro se são administrados sob o mesmo regulamento ou se cada uma das sedes tem seu regulamento particular.

Estou, entretanto, inclinado a acreditar nessa última hipótese; pois, tendo tido a oportunidade de ver o uniforme que as crianças de três outros orfanatos usavam, pude constatar que eles eram diferentes daquele que eu tinha usado no orfanato de Parma.

É, então, apenas da administração desse último que trato aqui. Devo dizer, também, que falo de uma administração de vinte e cinco anos atrás. Gostaria de acreditar, ainda mais porque isso me daria prazer, que durante esse tempo ela tenha limpado algumas de suas manchas que, de minha parte, mereceram os justos insultos que lhe fiz, com freqüência, ao invés de elogios que ela teria a esperar de mim.

Todos os pais indigentes pertencentes a essa província que querem se livrar de seus filhos podem, do dia em que eles nascem até a idade de doze anos, conduzi-los ao orfanato.

Após essa idade, a criança não é mais recebida; salvo, entretanto, aqueles que, abatidos por uma doença incurável, possam, repentinamente, se ver privados daqueles que eram seu sustento.

Se bem me lembro, o orfanato recebe esses infelizes se eles não têm mais de dezoito anos.

O orfanato de Parma está dividido em três seções que estão sob a mesma direção. Podemos chamá-las, em honra do CARO HOMEM que me hospeda atualmente: A, B, C.

Na ala A são recebidos os recém-nascidos dos dois sexos e todos aqueles que ainda não completaram cinco anos. Na ala B, as meninas com mais de cinco anos. Na ala C, os meninos acima dessa idade.

Chegados à idade de cinco anos, os que se encontram na ala A passam, segundo o sexo, ou para a ala B ou para a C.

Se têm a sorte de não serem escolhidos para serem criados fora, na casa de particulares (acima de doze anos, o orfanato não confia mais seus internos a particulares), o máximo de idade que ali podem ficar é: para os meninos, até o fim de seus dezoito anos; para as meninas, até o fim de seus vinte anos.

No orfanato, todas as crianças, sem distinção de sexo, começam a ir à escola com cinco anos até o fim dos seus doze anos; cada um em sua respectiva ala. Há escolas, para os meninos, dentro e fora do orfanato. Para ir à escola externa — que é uma dependência do orfanato, já que ela só é freqüentada pelos seus internos —, a criança deve ter no mínimo oito anos, salvo algumas exceções; por exemplo: se possui inteligência precoce, à criança será permitido deixar a classe preparatória do orfanato e ir, antes de oito anos, com os **grandes**; se, ao contrário, a criança não conseguiu se preparar, continuará ainda naquela interna com os pequenos ou, também, com os grandes. Pois, se crianças são levadas ao orfanato absolutamente analfabetas, é na classe preparatória que elas começam sua instrução.

As aulas para meninos, na escola de fora, eram ministradas pelos mestres-escolas. Nós ali éramos conduzidos em coluna de duas filas e sob a guarda dos vigilantes — cada um com seu grupo — às oito horas da manhã; às onze e meia, vinham nos buscar para a refeição no orfanato; à uma e meia nós voltávamos e ficávamos novamente na escola até às cinco horas da tarde.

Cada um dos vigilantes entregava aos professores da escola uma folha de papel contendo todos os nomes dos alunos. Todas as tardes, antes de terminar a aula, os professores anotavam, ao lado do nome: um B, um M ou um C. Isso significava boa conduta para o B; medíocre para o M; e ruim (***cattivo***) para o C.

Todas as crianças a quem tinham atribuído um C deviam, durante a recreação do meio-dia do dia seguinte, varrer os pátios e os corredores da ala C. Se acontecesse, e acontecia com freqüência, de um aluno obter um C por três dias seguidos, faziam-lhe deitar, durante uma noite, no chão de um quarto que servia de prisão. Quarto que, por zombaria, haviam apelidado de LA NONNA (avó).

Mais tarde, contarei as recompensas que reservavam aos outros.

Alguns dias antes de completar doze anos, a criança é conduzida à direção. Ali, perguntam-lhe a profissão que deseja aprender. As duas letras O-A, que são a divisa do orfanato e que serviam de insígnia aos nossos bonés, indicam também que no orfanato há vários ofícios, pois essas duas letras significam **Ospizio delle Arte** (Orfanato das Artes).

Entretanto, se alguma criança manifesta a vontade por um ofício que não exista no orfanato, a direção se organiza para colocá-la na casa de um particular da cidade.

Conheci uma, por exemplo, que aprendia tipografia, encadernação e mecânica, profissões que não existiam na escola interior. Desses aprendizes, há alguns que ficam fora do orfanato a semana inteira, menos aos domingos; outros que voltam todas as noites, dependendo do contrato que a direção estabelece.

A partir do dia em que a criança começa seu aprendizado de um ofício, a direção, para encorajá-la, concede-lhe um pequeno pagamento em dinheiro.

Esse salário que, em geral, é de sessenta centavos por semana, aumenta pouco a pouco até dois ou três francos. É apenas no último ano, ou nos últimos dois anos, segundo sua capacidade, que ainda há a possibilidade de se passar, no orfanato, a operário, chegando a ganhar vinte e cinco centavos ou um franco por dia: eu cheguei ao máximo.

Todos os domingos de manhã, a criança recebe, em dinheiro, a metade do que ganhou durante a semana que passou; a outra metade é depositada na poupança e registrada em um livreto que tem seu nome. Esse livreto fica com a direção até o dia em que o jovem deixará definitivamente o orfanato.

Quanto às meninas, ainda que ignore o que lhes ensinam no dia em que deixam a escola, pode-se acreditar que não é para aprender as POSTURAS — tão necessárias às suas irmãs — que elas passam os últimos oito anos no orfanato. Ao contrário, elas aprendem tudo o que lhes pode ser útil se, mais tarde, se virem pedidas em casamento; ou, se isso não ocorrer, útil para poder ganhar a vida honestamente.

Inútil dizer que são elas, as maiores, que fornecem às três alas os serviços adaptados ao seu sexo: fiar, limpar, lavar, arrumar, por exemplo, e uma porção de outros verbos em *ar*.

Assim, no dia em que completa dezoito anos, o jovem recebe dois livretos, o da poupança e ainda um outro, contendo sua identificação e servindo como passaporte. Depositando seu boné no orfanato, a direção, de presente e em troca, lhe oferece... um chapéu de civil (*sic*).

Em geral, os que deixam o orfanato nessa idade vão imediatamente fazer seu serviço de soldado. Pois lhes ensinaram a amar a Pátria; e eles reconhecem tudo que lhe devem. É também a direção que, entre todos os conselhos que lhes dá para a vida que eles deverão ter dali em diante, aconselha-os a se alistarem antes da idade prescrita. Nisso ela faz bem; pois, habituados que estão a uma certa disciplina, eles irão considerar a do regimento menos severa. Por outro lado, em vez de se virem abandonados à própria sorte aos dezoito anos, poderão ter algum apoio até os vinte ou vinte e um anos. É uma coisa que também tem importância.

Como se vê, se a sociedade foi cúmplice dos pais no dia em que eles abandonaram o filho e se, sem o consentimento do infortunado — que jamais pedira para morar nessa terra —, forçou-o a viver, ela teve o cuidado também de dar a sua vida um valor bem elevado para que ele não a desprezasse.

Com efeito, ele não se encontra em uma situação desejada pela maioria das crianças educadas pelos próprios pais? Ele sabe ler e escrever; conhece uma profissão que lhe permite ganhar a vida honestamente;

entra na sociedade em uma idade em que ignora ainda um grande número de vícios que os jovens de sua idade já professam.

Não será nele, evidentemente, que a semente demagógica irá criar raízes. E como poderia ser diferente? Não seria, da sua parte, ingratidão se ele quisesse redizer às leis, ele que lhes deve tudo o que é e isso graças à exatidão com a qual elas foram obedecidas?

Mas quantos têm a chance de serem educados dessa maneira que, no entanto, é a maneira regulamentar?

Ai de mim! Eles podem chegar a vinte por cento. Entre eles, é preciso contar os cegos, os surdos-mudos, os corcundas, enfim, todos aqueles a que a Natureza, além de sua pesada carga, acrescentou alguns outros fardos. Esses infortunados podem ficar tranqüilos; ninguém vai tirá-los do orfanato. Devo dizer ainda que, para eles, não há nenhum limite de idade estabelecido para ficarem ali. Lembro-me muito bem de ter visto velhos cuja idade excedia mesmo o triplo de dezoito anos — entre outros, um tal Libório, cujo nome nunca esqueci pois ele me tinha tomado como amigo.

Todos os outros, todos, são tomados para serem educados em casas particulares, seja na cidade, seja no campo.

Será por causa da quantia que o orfanato paga por suas crianças assistidas que encontra tantos educadores? Sem dúvida não é esse o caso, pois isto é o que eles recebem:

Idade da criança	Quantia
de 0 a 2 anos	12 francos por mês
de 2 a 5 anos	10 francos por mês
de 5 a 8 anos	8 francos por mês
de 8 a 12 anos	5 francos por mês

Ao chegar à idade de doze anos, se a criança sabe ler e escrever, aqueles que a educaram recebem um bônus de cem francos.

Para as meninas é a mesma coisa, exceto pelo bônus — pois elas também o recebem e pessoalmente, quer saibam ler ou não, não com doze anos, mas no seu vigésimo ano, ou antes, se elas encontram um marido, pois esses cem francos são o único dote que o orfanato dá a essas infelizes.

Aqui está, em comparação, o que a França paga àqueles que educam uma criança desses orfanatos:

Idade da criança	Quantia
de 0 a 1 ano	25 francos por mês
de 1 a 2 anos	20 francos por mês
de 2 a 3 anos	15 francos por mês
de 3 a 13 anos	13 francos por mês

Se fizermos o total do que Parma (não digo a Itália, pela razão já mencionada anteriormente) e a França pagam para mandar educar uma criança assistida ou perdida temos, para Parma: 1.276 francos (bônus incluído), para a França: 2.280 francos. Quase o dobro, se tirarmos o bônus.

Pode-se notar, entre outros pormenores, que a França pára de pagar a pensão aos treze anos, ou seja, um ano a mais do que Parma. Mas isso é uma coisa que, para o futuro da criança, não tem nenhuma importância. O que importa para ela é saber-se conduzida, ao chegar a seus treze anos, à direção do orfanato de onde a tiraram, para ali passar por um interrogatório previsto pelo regulamento — que nobre regulamento!

Franceses, recebam meus elogios e tenham sempre cuidado para que ele seja obedecido.

As perguntas que fazem à criança são fáceis de adivinharmos. Porém, a mais importante, aquela que deve decidir o futuro da criança, é a que indaga se ela ficaria contente em continuar a viver com a família que a educou ou se está descontente e quer voltar ao orfanato para aprender um ofício.

Ah! Se aos meus doze anos tivessem me perguntado uma coisa assim! Genebrinos, digo-lhes, sem arrependimento, eu não os teria conhecido!

Deve-se supor que o regulamento do orfanato de Parma seja desprovido desses nobres artigos? Não, ao contrário, e a prova disso é que é no orfanato mesmo, na presença de uma comissão, que a criança, concluídos seus doze anos, deve ser conduzida para passar pelo exame que deverá decidir se aqueles que a educaram merecem ou não o bônus. E quero acreditar que aqui também não esquecerão de fazer perguntas equivalentes à criança.

Mas para que serve ter em vigor sábios regulamentos se as pessoas a quem os confiaram negligenciam o observá-los! É precisamente a uma dessas negligências que devo imputar a origem de meus males futuros. Com efeito, se a direção tivesse feito estritamente seu dever, ela teria exigido minha presença no dia em que deu o bônus ao infame que me tinha tirado do orfanato. Explicarei essa questão no seu devido tempo.

Assim, há de se convir, como o fiz, que não são esses atrativos que poderiam mover as famílias, admitindo-se que a idéia deles, ao educar uma criança do orfanato, fosse a de ter um ganho.

Qual ganho, com efeito, poderia haver, ao menos nos três últimos termos? Pois admito que o primeiro, com doze francos por mês, seja uma quantia bem tentadora para algumas famílias, notadamente para aquelas que moram no campo, onde essa quantia é suficiente para pagar a alimentação de uma família inteira durante esse período de tempo; ainda mais que o apetite da criança, nesse período, pode ainda ser saciado com **líquidos**. E, com efeito, são numerosos aqueles que retiram crianças nos seus primeiros meses para devolvê-las ao orfanato assim que chegam ao fim dos seus dois anos.

Mas, como acabo de dizer, é na casa de particulares que a quase totalidade é educada. E então? É porque, em geral, as pessoas a quem é confiada uma criança do orfanato não têm nenhuma idéia do que isso lhes trará. Ao contrário, elas teriam vergonha de se apropriar, quer dizer, de roubar, esse dinheiro: eis por que, salvo algumas exceções, têm o cuidado de depositá-lo na poupança e de colocá-lo no nome da criança.

Não é, evidentemente, nessas famílias que os infelizes poderiam se ver negligenciados ou abandonados à própria sorte; já que, se elas os retiraram, é porque precisavam, seja para a aprendizagem de um ofício, seja para empregá-los em trabalhos de fazenda. O que importa que uma família tenha se servido de Paulo como pastor, que uma outra ensine a Pedro um ofício ou que Tiago tenha a sorte de se ver adotado como filho de uma terceira? O que mais importa é que as pessoas a quem são confiados cuidem deles.

Mas sabe-se que há infames que, em um momento de miséria e graças à cumplicidade de algum miserável prefeito, vão retirar crianças do orfanato simplesmente pelo dinheiro e, em posse do livreto que lhes servirá para se recobrarem, abandonam os infelizes alguns dias depois de adotá-los.

Certo, essa é uma coisa que, nessa época que se diz tão esclarecida, deve parecer um pouco absurda; mas veremos que não o é, nem um pouco.

São esses, então, todos os cuidados que deveis ter para com esses infortunados que recolheram? Se é verdade, como ousam dizê-lo, que esses infelizes acham em vós protetores que substituíram os pais, por que deixais de se assegurar sobre se as pessoas que vos vêm pedir são ou não dignas de que se lhes confiem seus protegidos?

Pois é preciso esquecer que essas crianças não ficarão para sempre. Ora, se, por sua negligência, uma delas tiver a infelicidade de cair em casa de pessoas que não têm nenhum interesse pelo seu futuro, como ousaríeis exigir dela tudo aquilo que têm o direito de exigir daqueles que terão gozado inteiramente de todos os cuidados ligados à sua obra? Ainda mais que vós mesmos sabeis que esses cuidados são muito necessários aos seres dessa classe.

É, portanto, um assalto que se cometeu com ele ao privá-lo de sua parte desses benefícios, já que foi para ele também que essas obras foram fundadas.

Por que, então, se surpreender se, mais tarde, o vedes nas filas dos descontentes?

E a quem desejaríeis que ele imputasse sua miséria, se não a vossas negligências?

Pois será fácil convencê-lo de que se tivésseis feito vosso dever, não teríeis deixado a juventude deles sem direção, fonte de suas infelicidades. Estejai, então, cientes da responsabilidade que vos cabe, vós todos que sois chamados a dirigir obras tão divinas.

E sabei que uma só negligência de vossa parte pode ser suficiente para tornar a existência miserável ao infortunado que não tinha outros protetores além dos regulamentos a que se tinha confiado.

E vós todos que gozam da felicidade de patrocinar obras tão humanas, sabei que não é suficiente pagar o **óbolo** para merecer esse nobre título. Pois sabeis muito bem que suas ofertas não são suficientes para manter e educar nos orfanatos todos os deserdados que vos trazem, e que é por isso que estais forçados a concedê-los àqueles que vêm lhes pedir. Mas será essa uma razão para privá-los totalmente de vossa proteção uma vez que estão fora do orfanato?

Visitai-nos, então, ao menos duas vezes por ano, e assegurai-vos de que eles são cuidados e educados conforme vossas regras. É fazendo essas inspeções que merecereis o título de benfeitores; pois, estejais certo, elas vos darão ocasião de devolver ao orfanato alguns dos vossos protegidos por tê-los encontrados em mãos indignas.

Depois, se quereis de fato transformá-los em homens menos infelizes, bem, mudai os regulamentos que dirigem atualmente essa obra; e, em vez de retribuir aos que virão vos pedir suas proteções, exigi deles uma garantia bem alta para responder à vida que eles vos pedem.

E, ainda, para garantir as despesas que essa mudança comporta, já que os orfanatos se veriam forçados a educar o maior número de seus internos, só o permitai no fim de seu vigésimo ano, ou seja, que eles cooperem também, com seu trabalho desses dois anos, com as despesas que ocasionam. É esse o remédio que desejo a meus infelizes colegas, porque é muito eficaz para mantê-los EM PÉ durante toda sua vida.

1. Retrato de Lucheni após sua prisão. *(L'Illustration)*

2. Registro de abandono do pequeno "Luigi Luccheni". Sua mãe Louise chamava-se Lucchini; a administração, porém, nomeou a criança como Luccheni e, posteriormente, Lucheni.

1

2

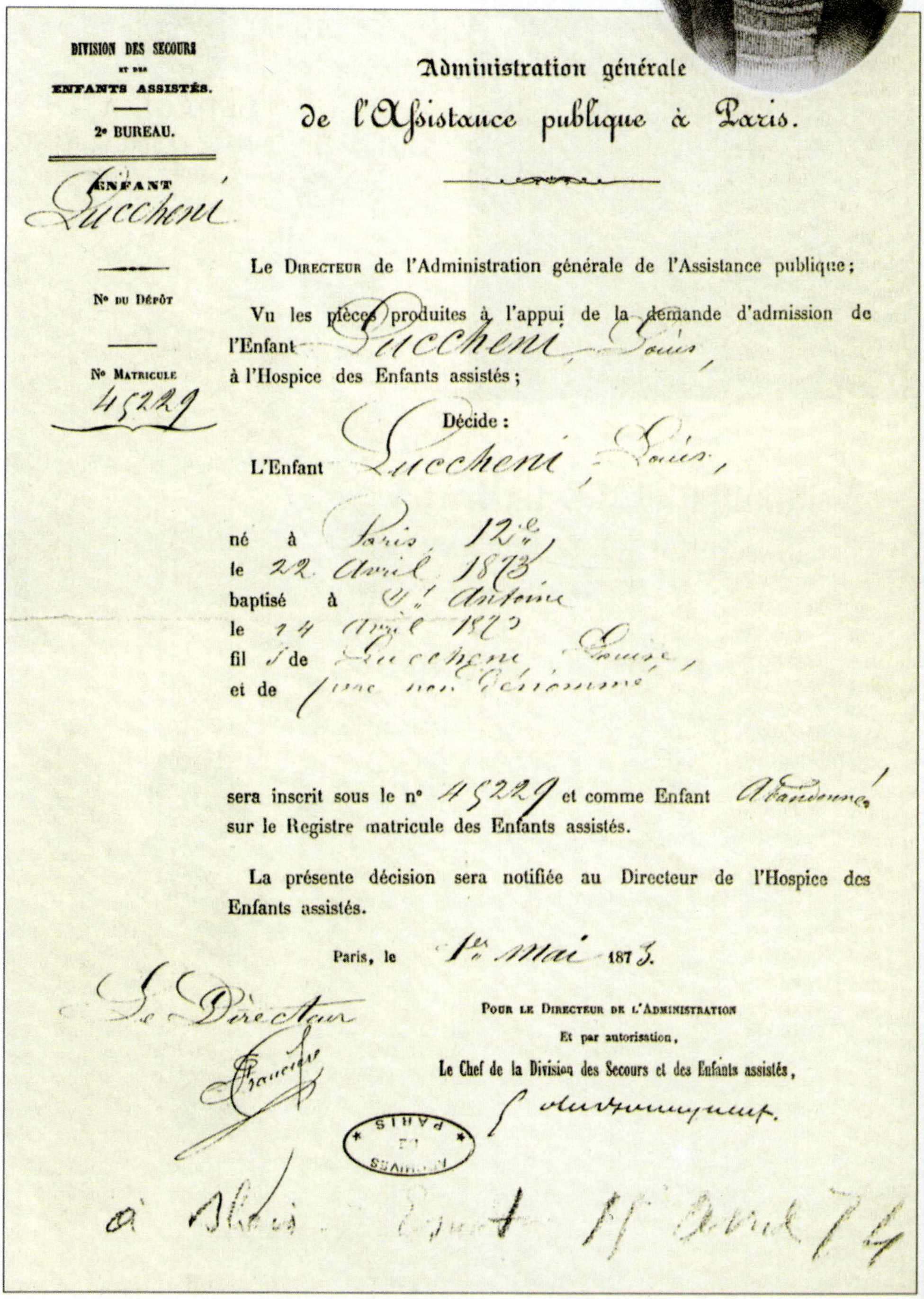

DIVISION DES SECOURS ET DES ENFANTS ASSISTÉS.

2e BUREAU.

ENFANT Luccheni

Nº DU DÉPÔT

Nº MATRICULE 45229

Administration générale
de l'Assistance publique à Paris.

Le DIRECTEUR de l'Administration générale de l'Assistance publique;

Vu les pièces produites à l'appui de la demande d'admission de l'Enfant Luccheni, Louis, à l'Hospice des Enfants assistés;

Décide:

L'Enfant Luccheni, Louis,

né à Paris 12e
le 22 Avril 1873
baptisé à St Antoine
le 14 Avril 1873
fils de Luccheni Louise,
et de père non dénommé

sera inscrit sous le nº 45229 et comme Enfant abandonné sur le Registre matricule des Enfants assistés.

La présente décision sera notifiée au Directeur de l'Hospice des Enfants assistés.

Paris, le 1er mai 1873.

Le Directeur
[illegible]

POUR LE DIRECTEUR DE L'ADMINISTRATION
Et par autorisation,
Le Chef de la Division des Secours et des Enfants assistés,
[illegible]

à Blois [illegible] 15 Avril 74

3

3. Uma foto de Lucheni vestido com o uniforme militar (condecorado). (*La Revue des Revues*)

4. "Diploma de condecoração" atribuído a Lucheni pelas campanhas da África (1895-96), livreto militar de Lucheni. *(Arquivos do Estado de Genebra)*

5. Carta endereçada ao assassino, incluindo sua foto enrodilhada por uma corda de enforcamento!

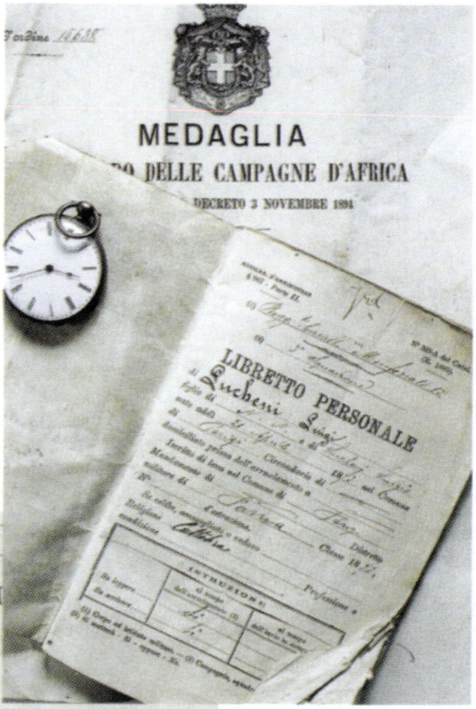

4

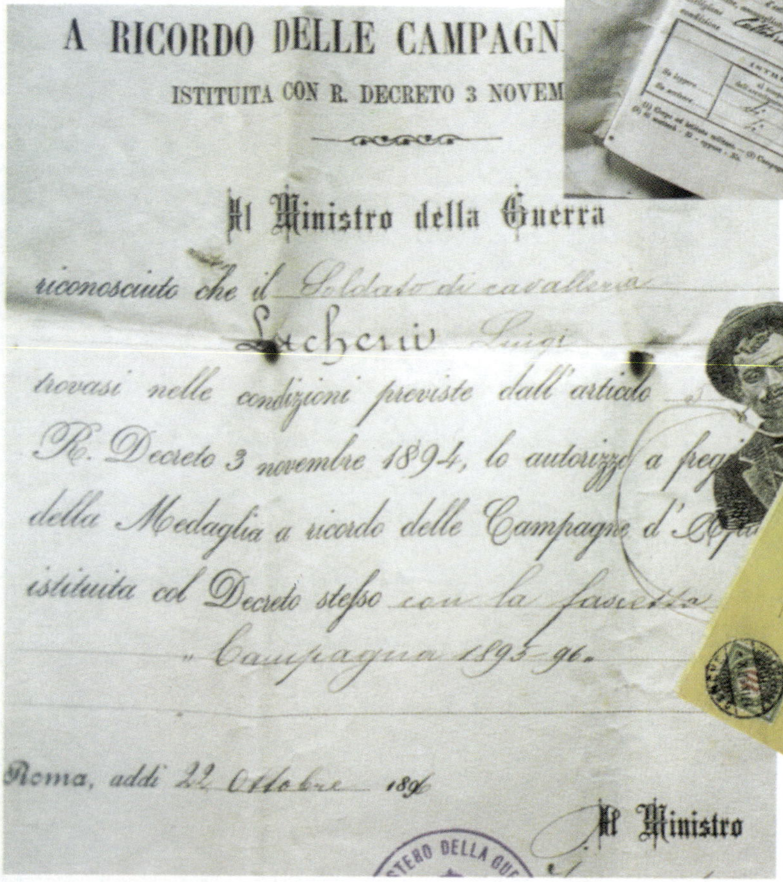

5

6

6. Retrato de Elisabeth como rainha da Hungria (8 de junho de 1867) (*Biblioteca pública e universitária de Genebra*), vinheta impressa em selo postal. (*Coleção Santo Cappon*)

7. Elisabeth e sua dama de companhia em Territet, setembro de 1898. (*Biblioteca pública e universitária de Genebra*)

7

9

8

8. Lucheni assassinando a imperatriz Elisabeth (Suplemento ilustrado do *Petit Journal*, setembro de 1898). *(Coleção Santo Cappon)*

9. Arma do crime: lima de três quinas, cujo cabo fora adaptado por Martinelli, amigo de Lucheni em Lausanne. Doada à Áustria por Genebra.

10. Retrato de Lucheni destinado a sua ficha antropométrica. *(Identidade judiciária, Lausanne)*

11. Elisabeth sem sentidos, sendo transferida do barco *Genève* ao hotel Beau-Rivage. (*Le Petit Journal*)

11

10

12. Desembarcadouro de Pâquis e maca improvisada transportando a imperatriz agonizante. (*L'Illustration*)

13. Cortejo fúnebre margeando a plataforma do Mont-Blanc em Genebra, próximo ao local do crime e do hotel Beau-Rivage. (*Le Monde Illustré*, setembro de 1898)

14

15

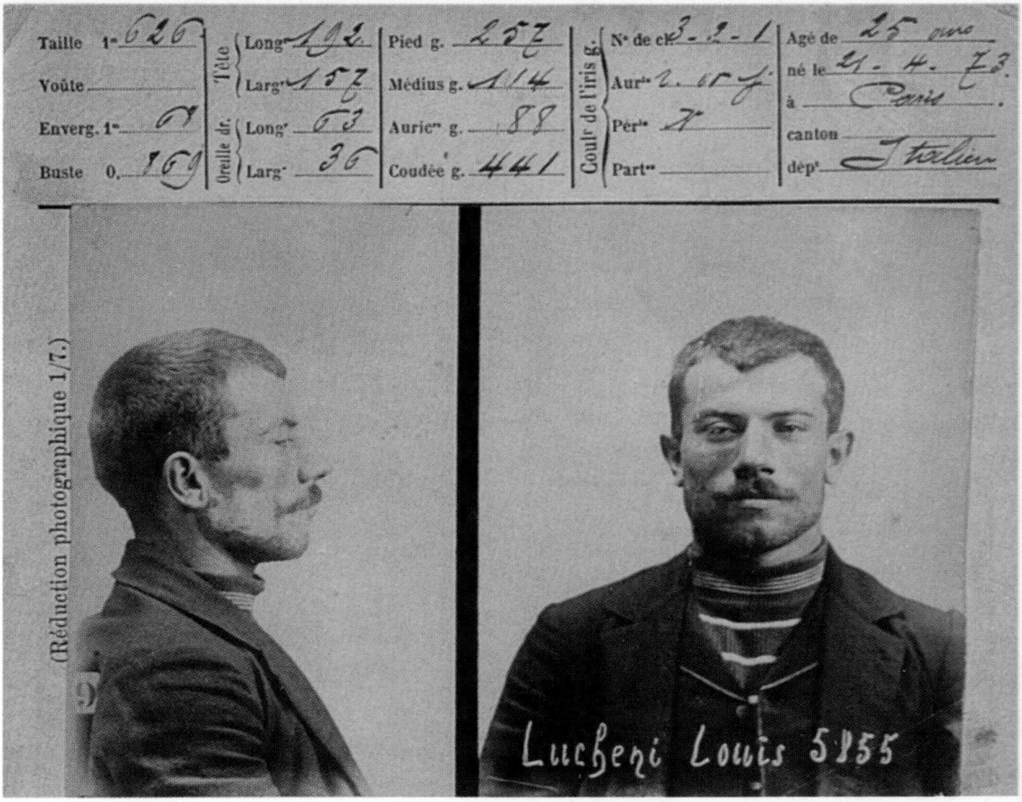

16

17

14. Antiga prisão da diocese, destruída em 1940. Última cela ocupada por Lucheni (nº 68), à esquerda no alto. (*Biblioteca pública e universitária de Genebra*)

15. Foto inédita da cela de Lucheni, desmontada em 1940 por Georges Amoudruz e por ele mesmo reconstituída no subsolo de sua casa! Uma tina para dejetos, escrivaninha e cama de metal (observe-se a corrente chumbada à parede, permitindo recolher o leito). (*Sygma*)

16. Ficha antropométrica de Lucheni. *(Identidade judiciária, Lausanne)*

17. Um Lucheni jovial escoltado por dois policiais (setembro de 1898) no caminho entre a prisão preventiva de Saint-Antoine e o Palácio de Justiça. (*Biblioteca pública e universitária de Genebra*)

18

19

18. Retrato de Charles Léchet, juiz de instrução. (*Biblioteca pública e universitária de Genebra*)

19. Retrato de Georges Navazza, procurador-geral. (*Biblioteca pública e universitária de Genebra*)

20. Revista *Évian-Programme*, adquirida por Lucheni para verificar a lista de estrangeiros renomados em visita à cidade.

21. Arma do crime. (*Sygma*)

22. Dossiê "secreto", sob o nome de Lucheni Louis, nº 13.138A, do antigo Serviço de Informação da polícia genebrina. (*Arquivos do Estado de Genebra*)

20

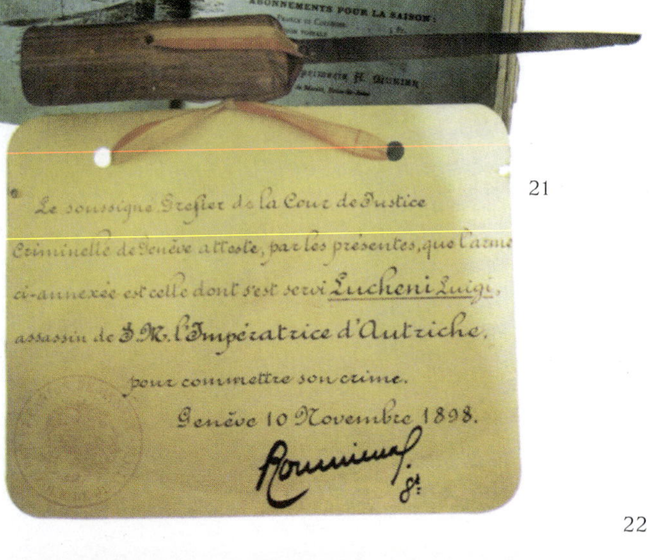

Le soussigné Greffier de la Cour de Justice Criminelle de Genève atteste, par les présentes, que l'arme ci-annexée est celle dont s'est servi Lucheni Luigi, assassin de S.M. l'Impératrice d'Autriche, pour commettre son crime.

Genève 10 Novembre 1898.

21

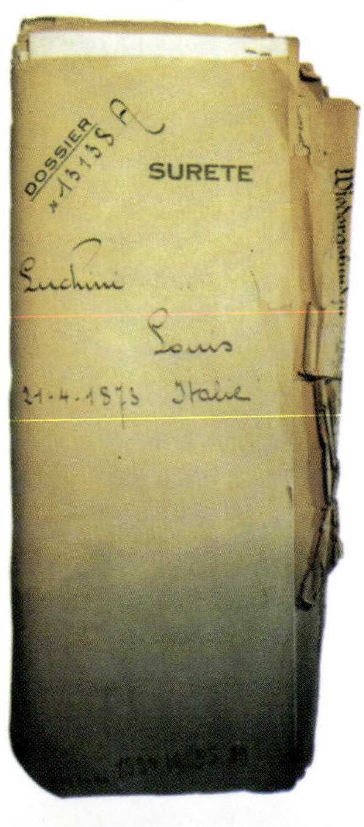

22

23

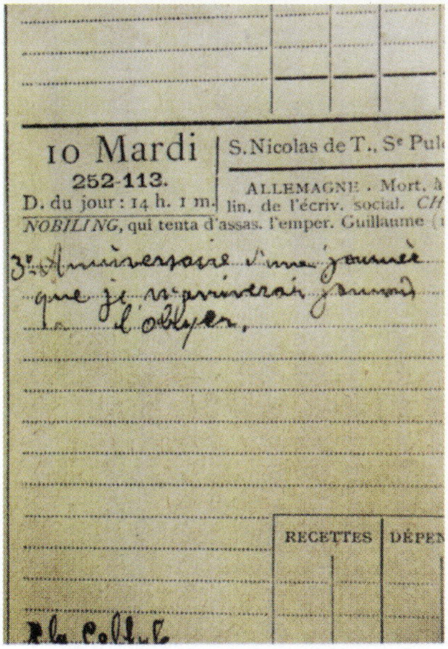

23. Anotação de Lucheni em 10 de setembro de 1901: "Terceiro aniversário de um dia que não esquecerei jamais"... seguido de "na cela". (*Almanaque inédito de Lucheni, Coleção Santo Cappon*)

24. "A Dama de Negro" (silhueta feminina replicada, feita a bico-de-pena por Lucheni em seu almanaque inédito.) (*Coleção Santo Cappon*)

24

25. Desenhos feitos por Lucheni em seu almanaque. (*Coleção Santo Cappon*)

25

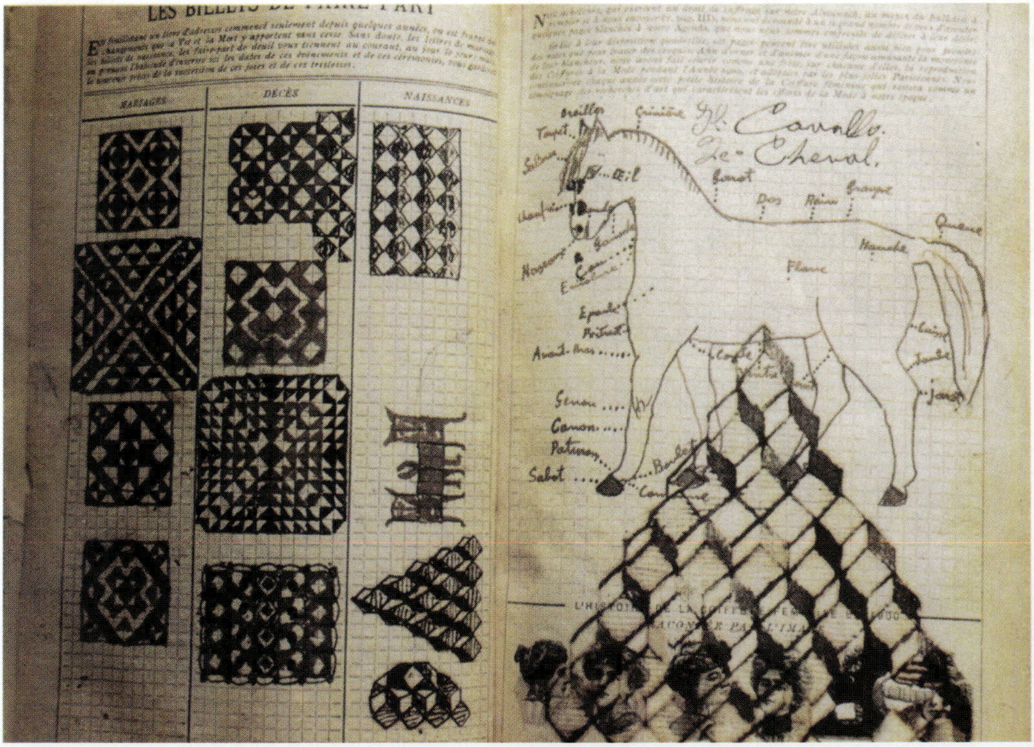

26. Memórias inéditas de Lucheni (cadernos azuis nº 1 e nº 2). Observe-se as advertências oficiais impressas. *(Coleção Santo Cappon)*

27. Memórias inéditas de Lucheni, título estilizado (primeira página, cadernos nº 1 e nº 2). (*Coleção Santo Cappon*)

28. Relógio de Lucheni.

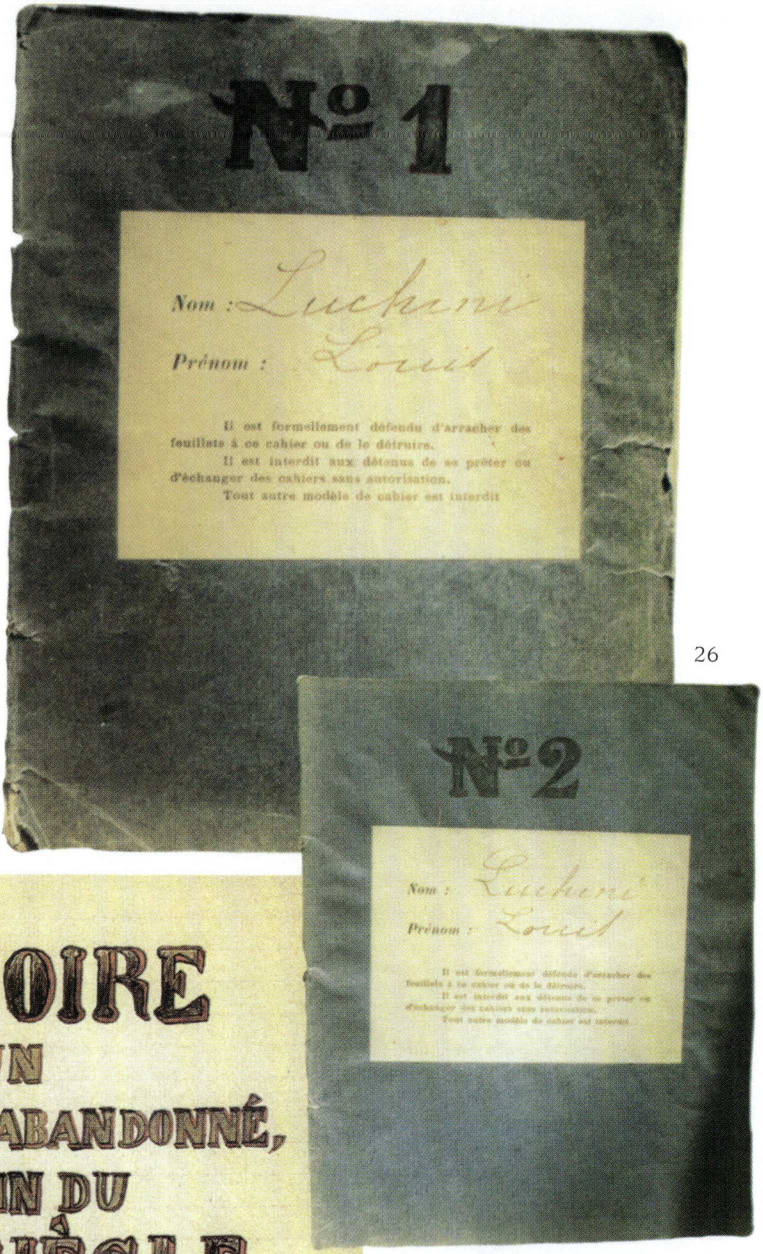

26

27

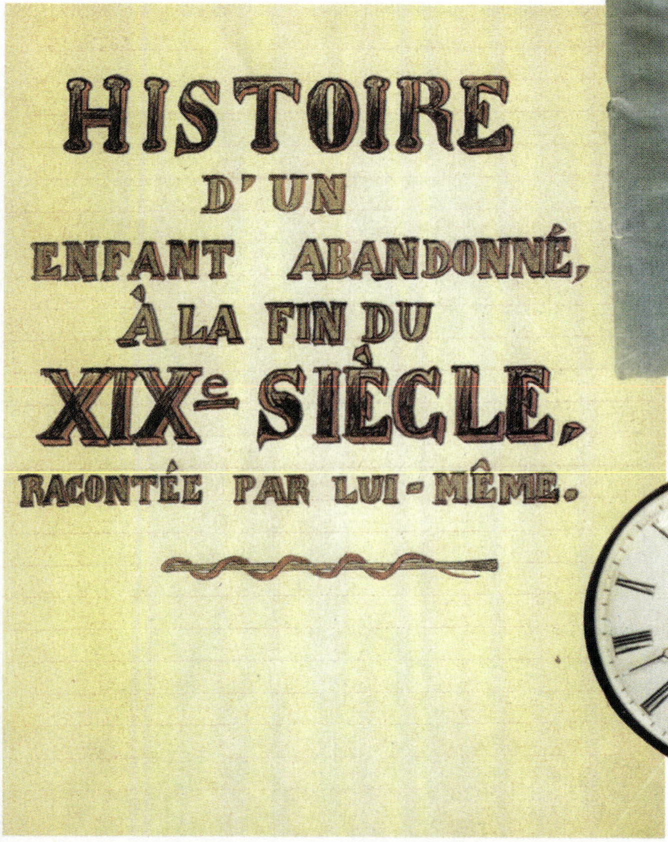

28

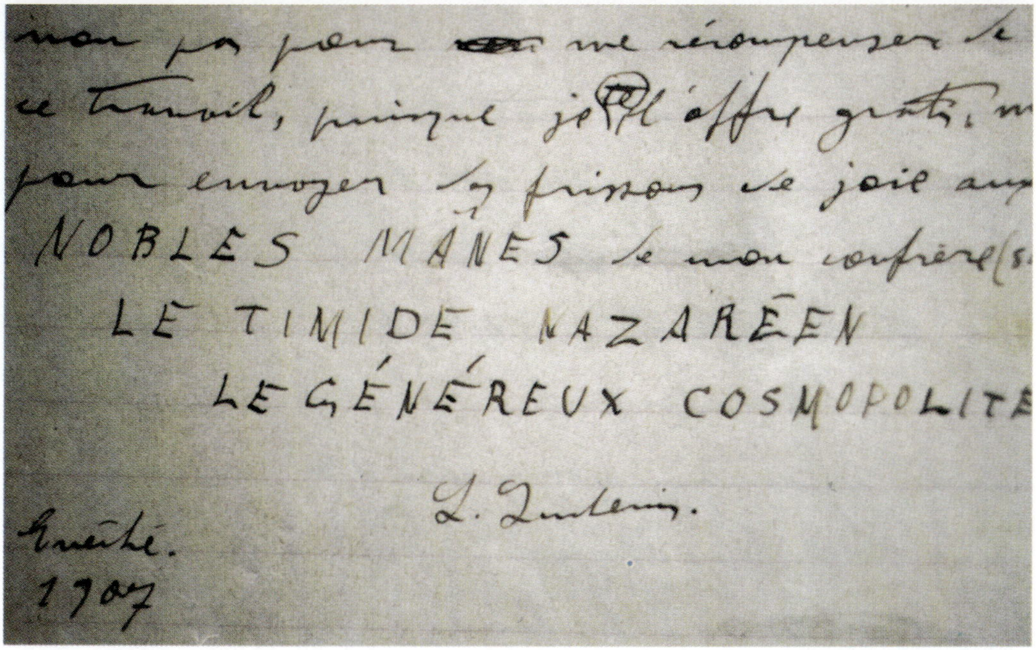

non pas pour me récompenser de
ce travail, puisque je l'offre gratis, m
pour envoyer les frissons de joie aux
NOBLES MÂNES de mon confrère(s
LE TIMIDE NAZARÉEN
LE GÉNÉREUX COSMOPOLITE
L. Lucheni.
Évêché.
1907

29

29. Memórias de Lucheni: fim do prefácio “Ao Leitor”, assinado L. Lucheni e datado, “Prisão da Diocese, 1907”. (*Caderno nº 1, Coleção Santo Cappon*)

30. Memórias de Lucheni: título da “primeira parte” e subseqüente página manuscrita. (*Caderno nº 1, Coleção Santo Cappon*)

30

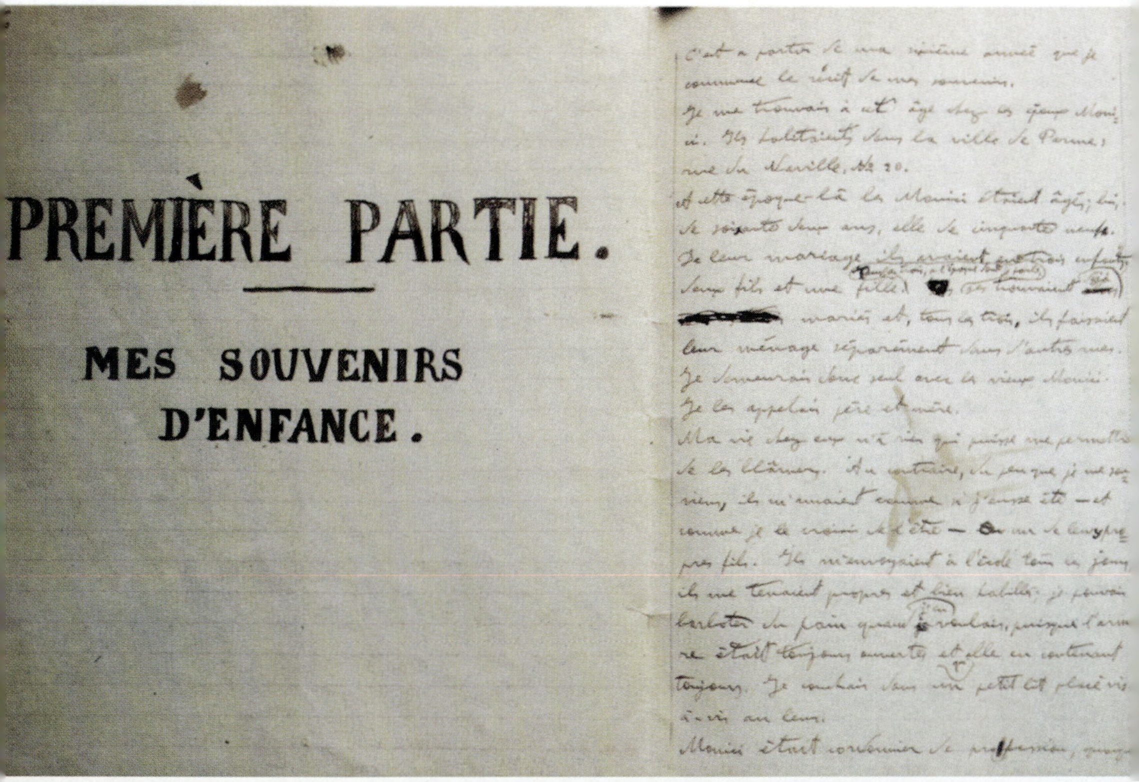

PREMIÈRE PARTIE.
MES SOUVENIRS
D'ENFANCE.

C'est à partir de ma sixième année que je commence le récit de mes souvenirs.

Je me trouvais à cet âge chez les époux Monici. Ils habitaient dans la ville de Parme, rue du Naville, No 20.

A cette époque-là les Monici étaient âgés; lui, de soixante deux ans, elle de cinquante neuf. De leur mariage ils avaient eu trois enfants, deux fils et une fille. Tous les trois, à l'époque dont je parle, se trouvaient déjà mariés et, tous les trois, ils faisaient leur ménage séparément dans d'autres rues.

Je demeurais donc seul avec les vieux Monici. Je les appelais père et mère.

Ma vie chez eux n'a rien qui puisse me permettre de les blâmer. Au contraire, du peu que je me souviens, ils m'aimaient comme si j'eusse été — et comme je le crois de l'être — un de leurs propres fils. Ils m'envoyaient à l'école tous les jours; ils me tenaient propre et bien habillé; je pouvais barboter du pain quand j'en voulais, puisque l'armoire était toujours ouverte et qu'elle en contenait toujours. Je couchais dans un petit lit placé vis-à-vis au leur.

Monici était cordonnier de profession, quoique

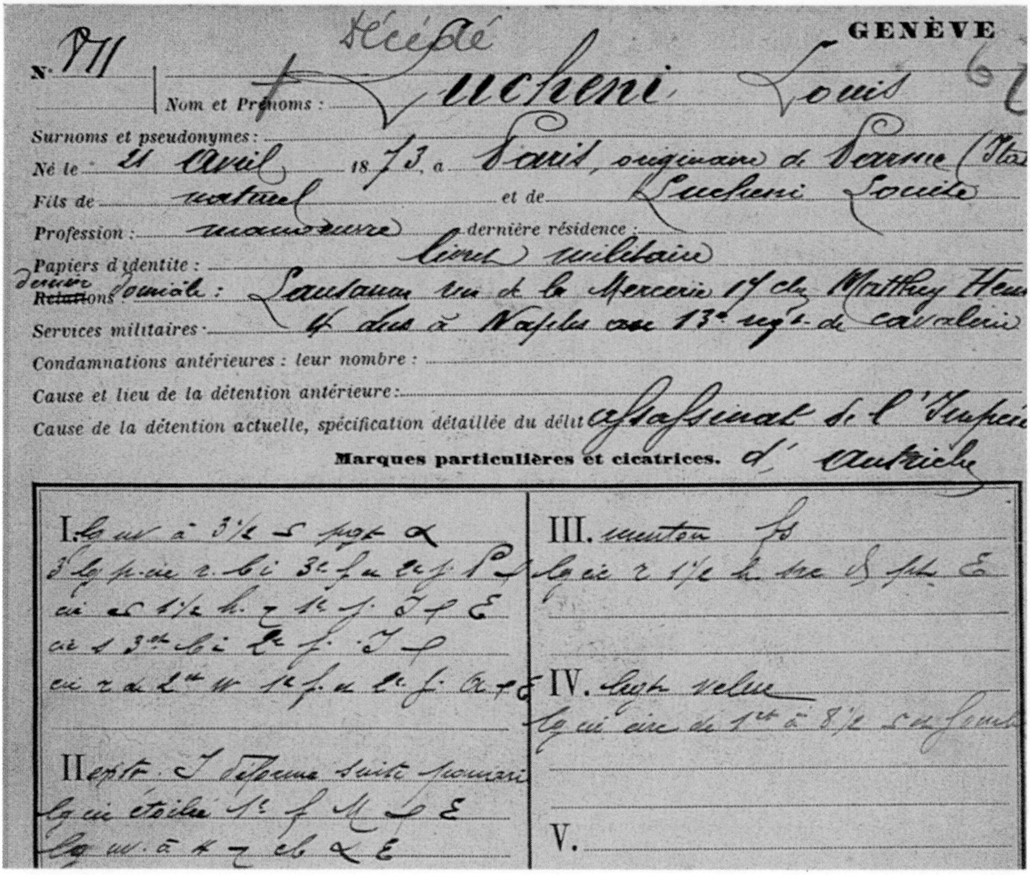

GENÈVE

N° 771 — Décédé

Nom et Prénoms : Lucheni Louis

Surnoms et pseudonymes :

Né le 21 avril 1873, à Paris, originaire de Parme (Italie)

Fils de naturel et de Lucheni Louise

Profession : manœuvre — dernière résidence :

Papiers d'identite : livret militaire

Dernier domicile : Lausanne rue de la Mercerie 17 chez Matthey Henri

Services militaires : 4 ans à Naples avec 13e regt de cavalerie

Condamnations antérieures : leur nombre :

Cause et lieu de la détention antérieure :

Cause de la détention actuelle, spécification détaillée du délit : assassinat de l'Impératrice d'Autriche

Marques particulières et cicatrices.

I.

II.

III. menton

IV. sept velue

V.

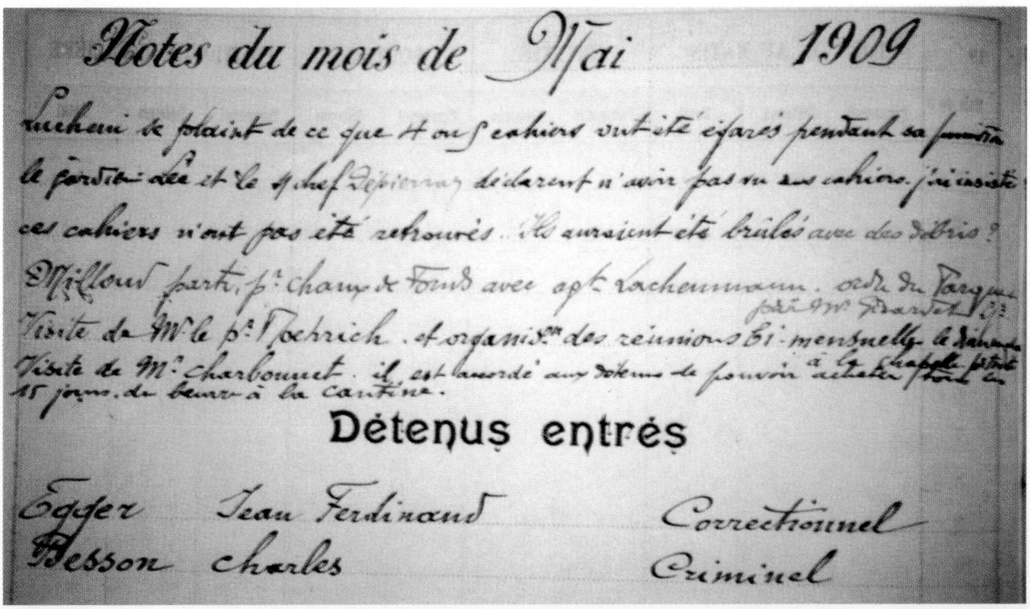

Notes du mois de Mai 1909

Lucheni se plaint de ce que 4 ou 5 cahiers ont été égarés pendant sa punition. Le gardien Lee et le s/chef Depierraz déclarent n'avoir pas vu ces cahiers. J'ai insisté, ces cahiers n'ont pas été retrouvés. Ils auraient été brûlés avec des débris ?

Détenus entrés

Egger Jean Ferdinand Correctionnel

Besson Charles Criminel

31. Memórias de Lucheni mencionando os Monici (sua primeira família de adoção em Parma, até a idade de nove anos). (*Caderno nº 1, Coleção Santo Cappon)*

32. Ficha antropométrica de Lucheni. *(Identidade judiciária, Lausanne)*

33. Nota do diretor da prisão Jean Fernex (3 de maio de 1909) citando furtivamente o “desaparecimento” dos cadernos de Lucheni. (*Arquivos do Estado de Genebra, registro “Prisões Cc14*”)

34

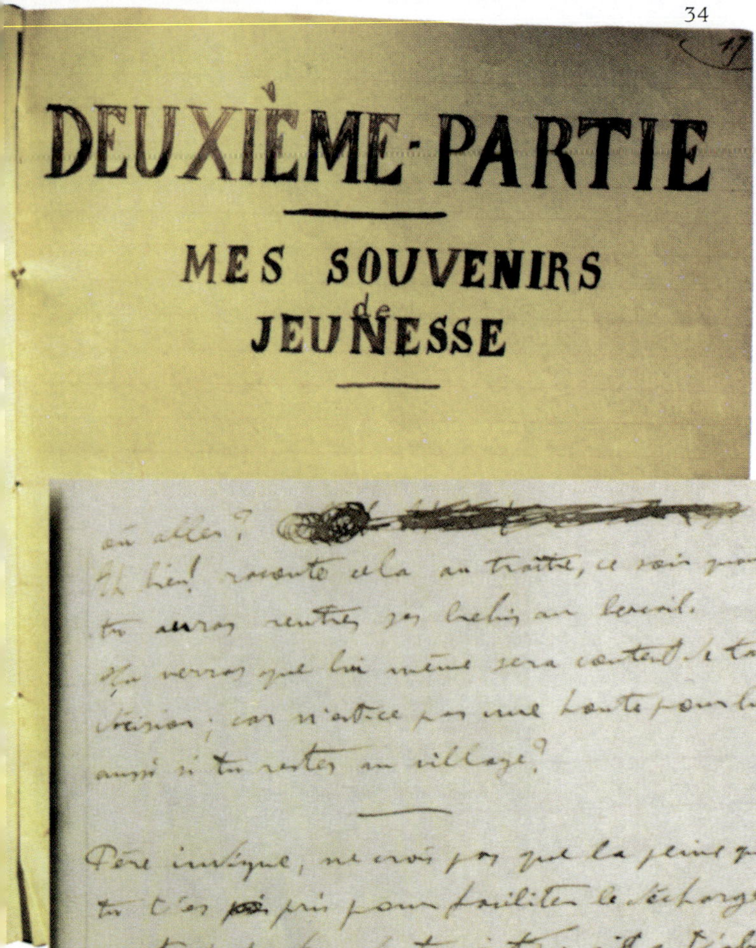

DEUXIÈME PARTIE

MES SOUVENIRS de JEUNESSE

34. Memórias de Lucheni: "Segunda Parte"; ele não viveu o suficiente para escrevê-la. (*Caderno nº 5, Coleção Santo Cappon*)

35. Memórias de Lucheni: Evocando o pai indigno, que se isentara de responsabilidades à semelhança dos que se vangloriam de exercer o poder (retrato do rei Humberto I). (*Caderno nº 1, Coleção Santo Cappon*)

35

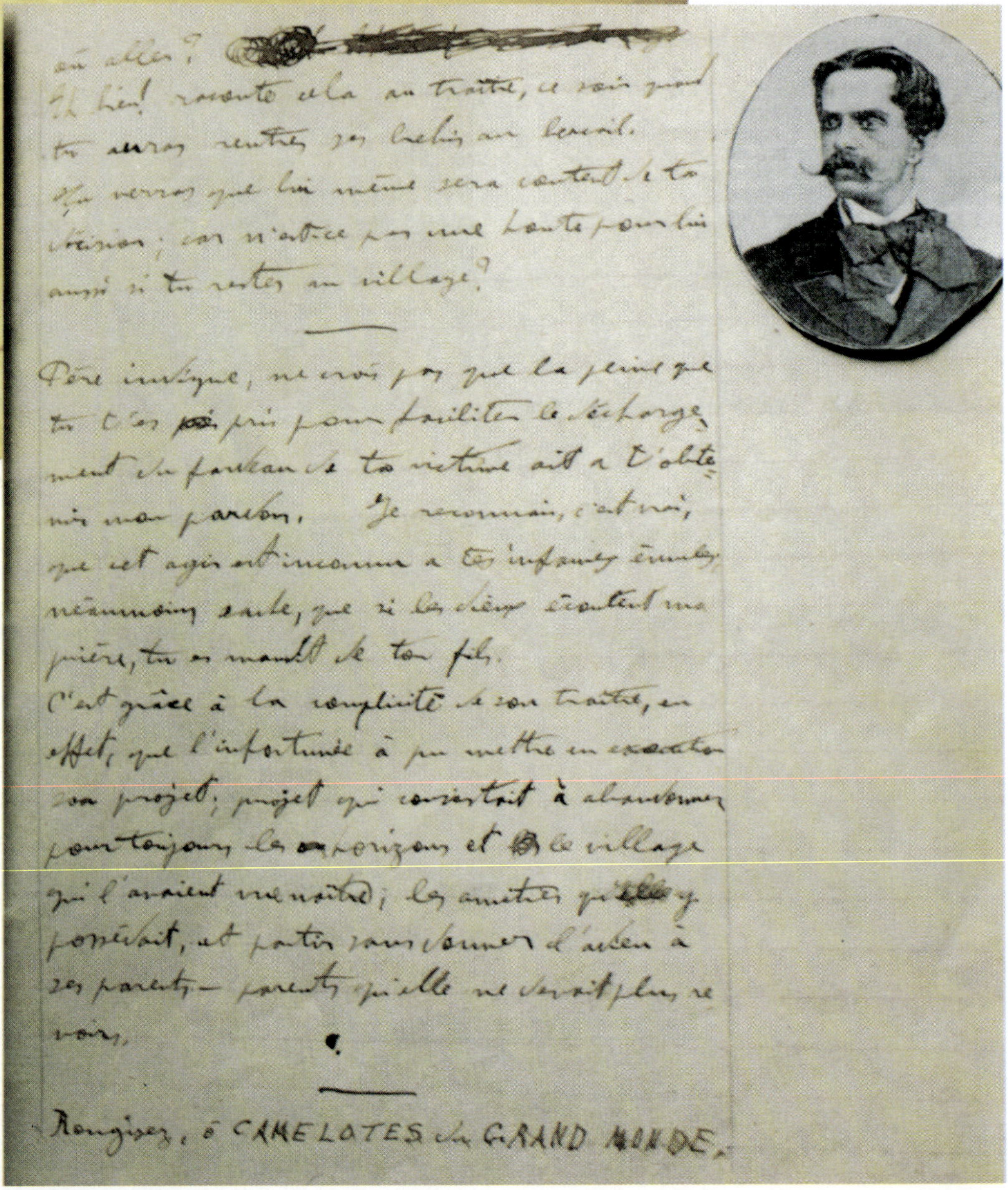

où aller?

Eh bien! raconte-t-elle au traître, ce soir quand tu auras rentré ses brebis au bercail. Tu verras que lui même sera content de ta décision; car n'est-ce pas une honte pour lui aussi si tu restes au village?

Père indigne, ne crois pas que la peine que tu t'es pris pour faciliter le déchargement du fardeau de ta victime ait à t'obtenir mon pardon. Je reconnais, c'est vrai, que cet agir est inconnu à tes infames émules; néanmoins sache, que si les dieux écoutent ma prière, tu es maudit de ton fils.

C'est grâce à la complicité de son traître, en effet, que l'infortunée a pu mettre en exécution son projet, projet qui consistait à abandonner pour toujours les horizons et le village qui l'avaient vue naître; les amitiés qu'elle y possédait, et partir sans donner d'adieu à ses parents — parents qu'elle ne devait plus revoir.

Rougissez, ô CAMELOTES du GRAND MONDE.

36

37

38

36. Memórias de Lucheni, cadernos nº 4 e nº 5. (*Coleção Santo Cappon*)

37. Espécie de porta-tabaco pertencente a Lucheni, e cigarros parcialmente fumados (sob crítica da imprensa estrangeira, o juiz Léchet oferecia cigarros a Lucheni, pretendendo arrancar-lhe possíveis confidências). (*Arquivos do Estado de Genebra*)

38. Professor Louis Mégevand, médico-legista responsável pela autópsia de Elisabeth e de Lucheni. (*Biblioteca pública e universitária de Genebra*)

Página seguinte:
39. Retrato de Sissi.

223. Com esse número o orfanato me registrou ao me receber pela segunda vez. Após ter respondido a algumas perguntas, um vigia me conduziu ao vestiário para me vestir com o uniforme prescrito.

Vestido, recebi do mesmo vigia a ordem de descer para um pátio que ele me indicou com um gesto. O vozerio que ouvia sair desse pátio testemunhava bem que, nesse momento, ele estava repleto de crianças.

Mal me viram e largaram todos os jogos para correr ao meu encontro gritando: "Eccolo, eccolo il Parigino; faciamogli la guerra!" (Vejam, vejam o parisiense; comecemos a guerra!).

Voltei-me, tremendo, para ver quem era o parisiense. Só vi o vigia e, se era ele o inimigo, sua vitória era certa, pois apenas um de seus gestos teria sido suficiente para derrotar todo o batalhão.

Ouvi o vigia dizer que ele não era um parisiense; que era italiano como eles e que não o molestassem sem que... Ele me olhava e eles me olhavam; compreendi, então, que o parisiense em questão só podia ser eu.

Entretanto, devo declarar que eles esqueceram rapidamente as ameaças do vigia pois esse já não estava mais ali, e os heróis fizeram então uma nova investida, não dirigida a mim, dessa vez, mas contra meu exército... em broinhas de mel. Em um piscar de olhos, de fato, meu boné (no qual tinha tido o cuidado de guardar meus doces), não continha mais, de volta de uma viagem que o obrigaram a fazer pelo ar, que alguns restos que uma formiga poderia ter carregado facilmente.

Persuadidos de que eu não tinha mais **inimigos** comigo e satisfeitos que tiveram sua recompensa, os heróis começaram sua folga para retomar seus jogos interrompidos. Aproximei-me, então, do maior dentre eles para perguntar o que significava a palavra "parisiense" e por que eles queriam estar em guerra comigo.

Ele me respondeu que se me chamavam de "parisiense" era porque eu tinha nascido em uma cidade chamada Paris e que, se eles queriam me declarar guerra, era porque essa cidade se encontrava fora da Itália.

Apressei-me em fazê-lo observar o erro que cometia sobre meu estado civil e a prova era, disse-lhe, que eu tinha nascido na cidade de Parma, rua do Naville nº 20, que meu pai se chamava Ferdinand Monici e minha mãe Lucie Foglia e, para convencê-lo, acrescentei: "Você só precisará esperar até o próximo domingo em que poderá vê-los, um ou outro".

Foi então que ouvi a resposta que transcrevi mais acima. Já disse também que essa notícia me tinha deixado indiferente, pois eu a acreditava absurda; é por esse motivo que, em ocasiões de suas visitas, nunca questionei os Monici sobre essa história.

Só após meu crime soube que os Monici tinham me tirado do orfanato com trinta meses.

Durante os primeiros dias de minha estadia no orfanato, o novo tipo de vida, tão diferente daquele que tinha vivido até então, me fazia lamentar não estar mais na casa dos Monici e não gozar mais de seu afeto; é por isso que, durante suas duas últimas visitas, a única coisa que fiz foi implorar para me levarem com eles.

Mas minha tristeza não durou muito. Quinze dias depois eu era uma das crianças mais felizes do orfanato.

Até meu título de parisiense (por essa palavra que me chamavam), que tinha me feito passar por um momento tão difícil, tinha se tornado para mim um motivo de alegria pois, quando brincávamos de guerra, era eu quem comandava... o Exército francês.

Ao entrar no orfanato, fizeram-me freqüentar a escola interior uns dez dias; depois, fui com os grandes à escola exterior. Durante esses dez dias, pude observar que a velha professora da escola educava em sua casa cinco crianças do orfanato.

Esses pequenos déspotas, nós os chamávamos de Felizardo I, Felizardo II, e assim por diante.

Azar dos outros se eles descontentassem ou se recusassem a satisfazer os caprichos de seus queridos: a professora os colocava de joelhos, horas seguidas, em ervilhas muito secas; impossível às rótulas achatá-las. Estou persuadido de que, se a direção permitia à professora educar em sua casa essa cambada de crianças, isso só devia ser a título de salário, pois era com o nosso ordinário que ela os alimentava. Eles usavam também o uniforme do orfanato; além disso, quando um dentre eles completava seus oito anos, a professora o devolvia (faziam-lhe então perceber seu despotismo) para pegar um outro menor, com cinco anos.

A diferença que havia entre eles e nós era que eles dormiam e ficavam na casa da professora.

Tinha também notado, durante o primeiro mês, o desaparecimento de alguns amigos. Não sabendo para onde os tinham mandado, informei-me desse desaparecimento com um outro cicerone, pois aquele que conhecia tão bem meu estado civil se encontrava, ele também, no número dos ausentes.

Ele me respondeu que eram burgueses que vinham nos tirar do orfanato para nos levar para viver com eles.

— São nossos pais que vêm nos buscar? — perguntei-lhe eufórico.

— Não, são pessoas que nós não conhecemos — respondeu-me.

Essa notícia destruiu toda minha felicidade; não encontrava mais prazer nem em fazer ginástica de que gostava tanto, nem em me divertir com as outras crianças. Apressei-me, no domingo seguinte, a colocar os

Monici a par dessa notícia, explicando-lhes, também, a mudança que ela tinha causado em mim.

Monici me afirmou que só eram mentiras que tinham me contado e que, se não via mais alguns amigos, era porque seus próprios pais tinham vindo buscá-los para voltar para casa com eles e não outra pessoa.

E para que eu não tivesse mais motivo para me entristecer com isso, Monici me prometeu: no caso de algum burguês ter a audácia de me tirar dali, só precisava dizer ao diretor do orfanato que, antes de me entregar, avisasse meu **pai** que, nesse caso, iria levar-me de volta à sua casa.

Apesar de algumas de suas mentiras, perguntei-me várias vezes se a promessa de Monici era sincera ou se ela só tinha a finalidade de me tranqüilizar.

Apressei-me, assim que Monici me deixou, a correr ao pequeno pátio onde estavam os aparelhos de ginástica. Prendi-me à corda de exercícios; jamais conseguira bons resultados nisso. Nunca, até então, tinha conseguido chegar a dois metros do chão. Essa vez, nem imagino que altura teria alcançado se minha cabeça não tivesse me lembrado que havia tocado o pórtico: a corda tinha cinco metros!

Devo, entretanto, confessar que, apesar da minha felicidade reconquistada e a crença que tinha na promessa de Monici, bastava ver alguns burgueses estrangeiros no orfanato para me assustar: sempre que via um, saía correndo para me esconder temendo que, se ele me visse, quisesse me levar para sua casa.

Em geral, todas as crianças do orfanato esperam, com prazer e impaciência, o dia em que alguém virá buscá-las. Para mim, era bem diferente. Por mais que colegas tivessem me dito que na casa dos burgueses fartava-se à vontade de cerejas, maçãs, figos e outras coisas boas, longe de gostar disso, ao mais simples pensamento de sair com um desconhecido caía em prantos pois, como já disse, estava muito feliz no orfanato; e só teria sido para obedecer Monici que eu o teria deixado, voluntariamente, com ele me levando para sua casa.

Algumas palavras sobre nosso modo de vida no orfanato.

Faziam-nos dormir em longos dormitórios com duas filas de camas numeradas; cada um de nós tinha a sua.

As crianças com menos de doze anos dormiam em dormitórios separados daqueles dos alunos.

No centro de cada um, como se fosse um esquife, havia a cama do vigia cercada de cortinas. Pobres cortinas! Todas as manhãs, as encontrávamos crivadas de bolinhas de diferentes substâncias. Era desse lugar que partiam as ameaças para fazer parar o barulho que fazíamos à noite, seja dando a caça aos morcegos com nossos bonés, seja tocando tambor com nossos urinóis de ferro branco.

Os mais corajosos se evadiam para ir passar uma parte da noite em um terraço, contemplando as estrelas e a passagem dos trens. Ao despertar, apressávamo-nos em correr para as torneiras situadas no fundo de cada dormitório, para lavarmos o rosto. Essa pressa, que deve parecer absurda, haja vista a preguiça que as crianças têm para seus hábitos higiênicos, explica-se pelo longo pedaço de pano que girava em volta de um rolo de madeira pregado no teto e que servia para nos enxugarmos todos — não demorava a ficar bem molhado. Convenhamos que a perspectiva de não encontrar pedaços secos era motivo suficiente para nos apressar, principalmente no inverno. Mas a principal razão dessa pressa consistia em conseguir pegar os primeiros lugares das duas filas para poder, em seguida, sair mais rápido do dormitório.

Ora, antes de sair, era preciso ser penteado e, no inverno, engolir uma colher de óleo de fígado de bacalhau. Esses serviços, que nada nos agradavam, eram executados por apenas duas mulheres e duravam mais de uma hora; quer dizer que aqueles que estavam nos primeiros lugares da coluna saíam do dormitório uma hora antes daqueles que estavam no final.

Inútil dizer que se alguma criança ousasse se enxugar com os lençóis ou se apresentar frente às mulheres sem ter lavado o rosto, não lhe faltavam punições. Além de se ver inscrita para varrer os pátios durante as recreações, a mulher que distribuía o óleo, após tê-la mandado se lavar, lhe fazia engolir duas colheres em vez de uma, privando-a também do torrãozinho de açúcar.

Duas vezes por semana, éramos conduzidos, grandes e pequenos, ao passeio em volta da cidade. Esses passeios duravam ao menos duas horas cada um. Formando a coluna, os vigias tinham o cuidado de agrupar as crianças de mesmo tamanho. À frente da coluna andava um vigia; depois dele vinham as crianças menores, as maiores eram as últimas; um outro vigia andava à vontade no centro da coluna, e um terceiro a completava.

Já relatei que a direção recompensava a boa conduta dos alunos e daqueles que aprendiam um ofício. Essa recompensa consistia em nos permitir ir ao teatro. Contudo, para poder gozar desse favor, apenas a boa conduta não era suficiente, pois precisávamos também ter os quatro *sous* para pagar nossos lugares. Ora, para os aprendizes, essa exigência era de pouca importância ao passo que, para os alunos, ela representava um obstáculo quase insuperável. Pois, convenhamos, não era varrendo os pátios que nós poderíamos encontrar dinheiro. Entretanto, eram numerosos os alunos que gozavam desse favor, mas eles o pagavam um pouco caro.

Com efeito, para se tornar possuidor de quatro *sous*, éramos levados, apesar de sua pouca abundância, a vender uma parte de nossa ração. Eis, a propósito, do que nos alimentavam: de manhã, às sete e meia, faziam todos, grandes e pequenos, entrar em uma vasta sala; após ter entrado, dois vigias se colocavam à direita e à esquerda da porta tendo de seu lado dois grandes cestos cheios de pães bem quentes.

Terminados esses preparativos, mandavam-nos sair e, ao passar pela entrada, recebíamos nosso café-da-manhã completo, composto de dois pãezinhos que pesavam cem gramas cada e eram bem moreninhos.

Ao meio-dia, esperávamos com impaciência o som do sino que nos chamava para almoçar. Precipitávamo-nos, então, ao largo e longo refeitório repleto de mesas que fumegavam como vulcões. Dessas mesas, todas sem toalhas, havia dois tipos. Em uma, viam-se as tigelas, na outra não era possível vê-las, pois estavam enfiadas em buracos redondos feitos na mesa para evitar que as crianças pequenas pudessem — não digo quebrá-las pela simples razão de que eram de zinco — deixá-las cair sobre seus colos.

Ao sentar, encontrávamos essas vasilhas cheias de arroz ou de macarrão — divisão freqüentemente variável — misturados com favas ou feijões, ou outra coisa, de acordo com a estação. Na frente de cada vasilha, havia um pãozinho e um copo — de zinco — de vinho.

Uma vez na mesa, dois cozinheiros passavam depositando em cada vasilha uma porção de carne. Todo dia, menos às sextas-feiras e aos sábados, davam-nos carne; nesses outros dois dias, ela era substituída por queijo. À noite, entre seis e sete horas, recebíamos, da mesma maneira que de manhã, nosso jantar completo que se compunha de dois pãezinhos — agora frios — mesmo peso, cor idêntica a daqueles da manhã.

Essa era toda a comida que nos davam. Ela era igual para todos, tanto para quem só tinha cinco anos como para quem tinha dezessete ou dezoito anos. Se, para esses, não era suficiente, eles poderiam comprar com dinheiro próprio alguma coisa na cantina, mas a administração não lhes dava nenhum suplemento.

Assim que estivéssemos de posse de nossa porção de carne, chegavam os negociantes que compravam, se quiséssemos vender-lhes. Esses compradores, que eram as crianças com mais de doze anos, começavam a gritar: pago duas moedas vinho e carne desde que essa não tenha gordura; e outros: pago duas moedas vinho e carne desde que essa tenha gordura. Enfim, havia outros que não davam a menor importância para seu estado; exigiam somente que nem o vinho nem a carne tivessem sido tocados. Inútil dizer que essa exigência era de um rigor extremo para os compradores; e, com efeito, bastava ter tocado os lábios na vasilha ou ter arrancado minúscula migalha da porção para desviar os negociantes. Como podem notar, não importava se a carne era magra ou gorda, não faltavam compradores. Bastava-nos vender dois dias vinho e carne para conseguir dinheiro suficiente para pagar nossos lugares no teatro.

Às quartas-feiras e aos sábados, a direção tinha à disposição oito ou dez metros da galeria do teatro Saint-Jean para enviar seus pensionistas. Nesse teatro havia um espetáculo de marionetes mais altas e mais gordas que o maior de nós.

Quarenta ou cinqüenta por vez: esse era o número de crianças que o orfanato enviava ao teatro. Desnecessário dizer que nesse número havia também aqueles que não tinham necessidade de vender comida para pagar seus lugares, a saber: todos os aprendizes.

Talvez — perguntávamo-nos — a direção ignorasse quais eram os meios dos quais se valiam os alunos para chegar a gozar desse favor? Não, sem dúvida ela não os ignorava, já que no refeitório havia sempre dois vigias; seria-lhes fácil ver e reprimir nossas negociações. Ora, visto que nenhuma criança roubava coisas de outra, eles nos deixavam fazê-lo; isso então devia ser coisa permitida.

E depois, uma vez que aquele que comia tudo (ele não estava errado) não ia nunca ao teatro, e obtinha dez B por dia, a direção não podia fazer menos que estar a par de nossos atos.

É algo louvável? Naquela época, eu mesmo não poderia fazer outra coisa senão louvá-la; mas eu só tinha oito anos; depois, julguei-a coisa um pouco indigna, seja pela situação a que nos víamos reduzidos para ganharmos as quatro moedas, seja pela atitude que ela nos inculcava — hábito pouco adaptado às nossas condições futuras.

Claro, a administração recebia a honra de enviar seus pensionistas ao teatro; mas o que teriam dito os senhores e senhoras que nos olhavam com seus binóculos se soubessem que esses pequenos bastardos estavam, eles também, no teatro porque tinham vendido uma parte de sua alimentação?

O que teriam dito? Nada, sem dúvida.

Pois não deviam ignorar, certamente, que sob falsas aparências baseia-se tudo que dá honra a qualquer administração. É também graças a essas aparências, digamos, que um pequeno número consegue manter o maior número na submissão. Quanto a mim, devo confessar que preferia ir ao teatro que comer carne e beber vinho; é por isso que os vendia quatro vezes por semana.

Ah! Se pudesse ter previsto que, em alguns meses, não somente a carne e o vinho, mas também o pão que comia se tornaria para mim apenas uma lembrança, talvez teria sido melhor começar — não digo a vendê-los, pois ninguém os teria comprado — a me privar do arroz e do macarrão para me habituar ao regime de fome que me esperava.

19 de fevereiro de 1882: data memorável, para mim, dadas as conseqüências que trouxe a meu destino. O orfanato teve que me enviar ao hospital para curar quatro dos meus dedos que se haviam congelado; o anular e o dedo mínimo da mão direita e o indicador e o dedo mínimo da mão esquerda. Trago ainda, em todos esses dedos, cicatrizes bem visíveis.

No inverno, por insuficiência de aquecimento, essa doença era muito comum entre as crianças do orfanato; eram muitos aqueles que, como eu, tinham congelamento dos dedos e também da face.

No dia 19 de março seguinte, voltava curado ao orfanato. Ah! Minhas chagas, por que não demoraram mais dois dias a fechar?

Dia 20, voltava à escola; dia 21, ao meio-dia, recebia do vigia a seguinte ordem: "Lucheni, traga com você seus livros!" (ao meio-dia, deixávamos na escola os livros; era de noite apenas que os carregávamos conosco ao orfanato).

Senti-me fulminado pois estava quase certo de que essa ordem devia significar minha saída do orfanato; ainda mais que já tinha visto várias crianças deixarem o abrigo algumas horas após terem recebido a mesma ordem.

Meus colegas acreditaram, sem dúvida, que me agradavam antecipando o veredicto que, para mim, era ainda sujeito a um sim ou não.

"Você tem sorte, parisiense, pois a partir de hoje você vai viver com os burgueses." Isso era o que me gritavam.

Ao chegar ao orfanato, tive que tirar meu casaco e devolvê-lo, com os livros da escola, a um vigia, pois a administração não permite às crianças que vão deixar o orfanato levar com elas esses objetos preciosos.

Após esse despojamento, fui conduzido, sem que me dessem tempo para ir comer, à direção. Ao entrar no escritório, vi um indivíduo cuja aparência, um pouco por seu rosto, um pouco pela roupa que usava, parecia-me jamais ter visto igual.

Era de estatura bem abaixo da média; tinha uma barba amarelada e longa como aquela dos velhos monges; nunca um pente teria passado por ela. O pouco que podia ver de seu rosto descarnado era de uma cor cadavérica. Ele segurava em uma das mãos um velho chapéu sujo e disforme que até um mendigo se recusaria a usar.

Esse BURGUÊS parecia um Arlequim, usava uma roupa em que eu podia ver não somente diversos remendos para cobrir buracos, mas também buracos aos quais faltavam remendos. Se o colarinho de sua camisa imunda tinha um botão, esse não tinha, naquele momento, nenhuma utilidade. As solas muito gastas de seus sapatos vermelhos (antes pretos) deixavam à mostra cabeças de pregos maiores do que aqueles que prendem as ferraduras de cavalos.

Ignoro se meu instinto já tinha pressentido o quanto iriam arruinar, nesse momento, minha existência. O fato é que a simples presença do indivíduo, sem saber se era com ele ou não que ia deixar o orfanato, me fez chorar. Mas não era esse tipo de choro tão familiar às crianças de oito anos, mas lágrimas que afligiam todo meu ser.

No fim, vendo que esse indivíduo me observava atentamente e, ouvindo o diretor lhe detalhar minhas qualidades, consegui, não sei como, pronunciar essas palavras entrecortadas de lágrimas:

— Senhor diretor, tenha a bondade de avisar meu pai Monici, que mora na rua do Naville nº 20, que devo ir embora do orfanato. Ele me prometeu, seriamente, que nesse caso ele me levaria de volta à sua casa: faça-o saber, eu lhe peço, ou permita-me correr até sua casa para adverti-lo; conheço todas as ruas que levam a Naville.

— Aqui está seu pai.

Essa foi a resposta que recebi do diretor, e ele tinha pronunciado essas palavras com o tom mais elevado de sua voz, ao mesmo tempo em que me apontava o indivíduo.

Eu segurava, nesse momento, meu boné com a mão direita. Segurei-o, então, com as duas mãos fortemente e o levei à minha boca, arrancando-lhe, com raiva, a insígnia do orfanato.

De repente, minhas lágrimas deram lugar ao riso. Por que eu ria, por que chorava? Dezesseis anos mais tarde, devia sabê-lo! Talvez devesse dizer: deveríamos sabê-lo...

Vi o diretor que dava ao indivíduo um pequeno carnê e, virando-se para mim, disse: siga-o!

Já disse que minhas lágrimas haviam acabado; entretanto, chegando à porta que devia me separar para sempre do orfanato, só pude recomeçar a chorar.

Essas lágrimas suscitaram algumas palavras, pronunciadas pelo zelador, palavras que posso ouvir ainda: "Há quinze anos trabalho aqui; já vi centenas de crianças deixarem o orfanato, mas todas estavam alegres; hoje, é a primeira vez que me acontece ver uma chorando pelo mesmo motivo".

Ai de mim! Tinha um motivo!

Desde então, todas as vezes que penso no dia em que deixei o orfanato, sempre me surpreendo, perguntando por que não escapei das mãos de Nicasi (esse era o nome do vil indivíduo) para correr à casa dos Monici. Acho que tinha a intenção, mas ela não foi suficientemente forte para me permitir esse ato de insubmissão.

Pois me apresso em dizer, e haverá tempo para convencer-te disso, é precisamente por ter sido sempre uma criança submissa às coisas que me faziam que devo imputar meus infortúnios. Já que, se durante minha infância e também minha juventude, tivesse começado a ser malvado, a roubar, em uma palavra, a ser nocivo, não teriam deixado de me prender em uma casa de correção.

Mas quanto não teria ganhado! Pois eu teria saído, após viver ali uma infância infinitamente mais feliz do que aquela que vivi, e pronto, como dizem, para trilhar meu caminho no mundo!

Ah! Se as crianças soubessem das coisas! É esse saber que me faltou. E como poderia ter adivinhado que é se tornando perigoso que se encontram protetores nesse mundo? E, no entanto, é a verdade. A prova disso é que os bons, ao invés de encontrarem protetores, tornam-se presa dos opressores.

Apenas aos vinte e cinco anos cheguei a essa convicção: um pouco tarde, ai de mim!

Entretanto, foi mastigando uma laranja que o burguês me tinha comprado para adoçar minha tristeza que saímos da cidade. Tive um momento de hesitação antes de chamar "pai" ao infame que acabava de arruinar minha existência; contudo, ignorando ainda o que ia me acontecer, foi com esse título que lhe agradeci ao aceitar a laranja.

Meu novo pai morava em Varano de Melegari, cidadezinha de aproximadamente quinhentos habitantes e distante 25 quilômetros de Parma.

Foi a pé que percorremos essa distância. Pouco habituado a fazer grandes caminhadas, ainda mais que andávamos em uma estrada lamacenta, meu burguês foi forçado, aqui e ali, a parar para deixar minhas pernas descansarem. Teve também a bondade de me colocar em seus ombros várias vezes.

Enfim, era noite quando chegamos à cidadezinha onde morava Nicasi. Entramos em um pátio cercado de choupanas em ruína mas que ainda serviam de moradia, como o vi depois, a oito famílias, as mais pobres do lugarejo.

O **apartamento** que os Nicasi ocupavam em uma dessas choupanas se compunha de um cômodo único, embora grande, e que servia de cozinha, de sala de jantar, de quarto para dormir, de depósito para os trapos e de poleiro pois eu via, a um canto, três galinhas empoleiradas em um pau.

As paredes, que nunca foram rebocadas, estavam completamente enegrecidas pela fumaça. Papel não-oleado servia de vidro à única janelinha.

Não havia lareira e o piso era o mesmo chão no qual ela tinha sido construída. No centro do cômodo encontrava-se a fornalha. No momento em que entramos, um enorme fogo crepitava. É a única abundância da qual essas pobres famílias podiam gozar, e isso graças à vizinhança das florestas que cercam a cidadezinha.

Perto desse grande fogo estava sentada, em um banco, uma senhora velha, baixa, muito magra, ocupada em fiar estopa.

Ela tinha um queixo pontudo que se destacava de ao menos seis centímetros do resto do rosto descarnado; era por isso que as vizinhas a tinham apelidado, como soube depois, de "Galinhola".

Seu nariz, com formato semelhante ao de um papagaio, estava sempre enfeitado por uma gota preta que se renovava sem parar para cair no queixo e que as costas de uma mão, com freqüência, secava.

Com a saia levantada até os joelhos, a velha mostrava ao fogo duas pernas nuas, azuladas e secas como gravetos.

Estava surpreso e não podia compreender como ela podia resistir ao calor ficando tão próxima do fogo. Para mim, habituado a só ver esse elemento em estado de brasas (os Monici tinham um pequeno forno de carvão), tomei a maior distância que as paredes puderam me permitir; apesar disso, o calor chegava em mim ainda muito forte para me permitir ficar tranqüilo e, além disso, a fumaça quase me sufocava.

Vendo meu embaraço, minha nova mãe (a velha era a senhora Nicasi), tocada de falsa compaixão, abriu sua boca desdentada e, pela primeira vez, me fez ouvir o som azedo de sua voz de matraca pronunciando estas palavras: "Minhas pobres crianças! Elas nunca vêem o fogo lá dentro, é uma obra de caridade que nós fazemos ao tirá-las de lá, elas nos devem esse reconhecimento".

É certo que, se minha vida tivesse exigido apenas o calor do fogo, eu estaria errado em lamentar a falta do orfanato e dos Monici.

Enquanto isso, meu novo pai, que se aproximou de uma caixa de madeira, após ter retirado meu boné, trouxe-me a caixa cheia de castanhas secas. "É para lhe agradar", me disse, "que lhe dou as cruas, pois sei que as crianças gostam delas assim".

Esse foi todo meu jantar. O sabor doce que encontrava nesse cardápio, acrescentado à fome que tinha — só tinha, naquele dia, comido dois pãezinhos do orfanato e uma laranja —, foram suficientes para me fazer esquecer um instante todas aquelas dificuldades. Logo, será fácil acreditar se digo que o barulho que saía de minha boca parecia o de um regimento de infantaria atirando à vontade. Nicasi também jantava castanhas; eu via que ela as pescava em uma tigela de madeira com uma colher de metal. Sua boca não emitia nenhum som pois recebia castanhas cozidas.

"Por essa noite, é muito tarde; eles já o terão fechado; podemos lhe arrumar alguma coisa aqui."

O que significava essa linguagem que Nicasi usava com sua mulher? Sem dúvida significava algo que eu não devia desconhecer. Pois, ao pronunciar essas palavras, vi Nicasi estendendo no chão, um sobre outro, dois sacos de trapo e, tendo tirado da parede um paletó velho, disse-me, mostrando os dois sacos: "Por essa noite, você dormirá aqui; amanhã, encontrarei algo melhor. Tome", acrescentou, me mostrando o paletó velho, "isso vai lhe servir de coberta, você não precisa tirar a roupa".

Eu o olhava com surpresa, sem parar, entretanto, de demolir as castanhas. No fim, o fogo que tinha se tornado um braseiro, se encontrava agora coberto de cinzas. Ouvia Nicasi murmurar em um canto onde me pareceu ter visto uma cama, na claridade das flamas; e eu, deitado nessa cama de um novo tipo, pensava naquela que, no orfanato, me esperava, e também em meus colegas que, sem dúvida, deviam, nesse momento, conversar sobre minha sorte.

Ah! Se eles pudessem ver onde que nos deitamos na casa dos burgueses, me dizia, abandonariam depressa o desejo de deixar o orfanato.

Ai de mim! Seis anos deviam passar antes que eu deitasse novamente numa cama. E, a partir daquela noite, eu podia não apenas dizer adeus à cama e às novas roupas mas também perder o hábito que, até então, tinha tido todos os domingos: o hábito, digo, de trocar de camisa. Esperando que falsos sonhos me fizessem passar a noite após esse dia em que, embora nada de desagradável me tenha acontecido, tão funesto foi para o meu futuro, direi quem era esse Nicasi e por que ele tinha tirado uma **terceira** criança do orfanato.

~

Não é culpa dele, como não foi minha, se Nicasi foi levado a um orfanato alguns dias depois de nascer. Não é também sua culpa se a pessoa que de lá o tirou para **educá-lo** tivesse tido a mesma idéia que ele teve quando veio me tirar, ou seja, fazê-lo simplesmente por causa do dinheiro. Também ele, Nicasi, tinha conhecido uma infância infeliz e fora quase abandonado pois, segundo o que vim a saber, ele tinha vivido uma parte mendigando e uma parte servindo como pastor para diferentes famílias de diferentes lugarejos.

Naquela época, Nicasi tinha sessenta e um anos; sua Juno[30] tinha a mesma idade. Inútil dizer que era absolutamente analfabeto e que não tinha nenhuma profissão.

Quando não ia com seu filho comprar trapos, ele trabalhava nos campos, um dia com um fazendeiro, outro dia com outro.

Ele tinha se casado com vinte e dois anos. De seu casamento, tinha dois filhos, um menino e uma menina.

Quando cheguei à casa dos Nicasi, sua filha de vinte e nove anos trabalhava como doméstica em um outro vilarejo. O filho de trinta e três anos — ele era quase anão —, não tendo nenhuma profissão e não podendo trabalhar como servente de pedreiro porque era coxo, ia, com poucos centavos de fósforo, com outro tanto de linhas e agulhas, comprar trapo nos pequenos vilarejos espalhados nas montanhas das proximidades. Mas esse comércio era, no fundo, uma desculpa para disfarçar a mendicância.

Com efeito, lembro-me que com dois ou três francos da mercadoria, ele ficava fora de casa um mês inteiro; e, na sua volta (voltas que só duravam alguns dias), ele estava sempre carregado de pedacinhos de pão muito seco e bolorentos, mas com os quais a velha Nicasi fazia ainda miga — migas extraordinárias pois todos esses pedaços de pão eram diferentes, segundo a mistura das farinhas que tinham usado. Eram, então, dias de abundância na casa dos Nicasi.

---

30. "...era a cônjuge de Zeus (Júpiter), o deus supremo dos olímpicos, que governava sobre os céus e a terra (...) tinha dois aspectos contrastantes: era solenemente reverenciada e venerada em rituais como poderosa deusa do casamento, e foi difamada por Homero como víbora vingativa, briguenta e ciumenta." *As Deusas e a Mulher — Nova Psicologia das Mulheres.* Autor: Jean Shinoda Bolen. Edições Paulinas (nota da preparação).

Nenhum desses dois filhos se tinha casado, mas alguns meses após minha chegada nessa família, o filho tinha uma esposa e a filha, um marido.

Além de seus próprios filhos, Nicasi já tinha criado duas crianças do orfanato: um menino e uma menina. Eles tinham tirado os dois em uma idade em que sua mulher, antigamente, podia lhes dar de mamar com o resto do leite que os seus filhos deixavam em suas magras tetas. A menina do orfanato tinha sido colocada, desde que suas pernas lhe permitiram andar, para trabalhar como pastora na casa de um fazendeiro vizinho, profissão que a infeliz só deixaria no dia em que a morte viesse arrebatá-la: e ela foi arrebatada aos dezoito anos.

Para o filho do orfanato, Nicasi teve o cuidado de fazer aprender um ofício, o de alfaiate. Precisaria de muito tempo se quisesse dizer aqui como essa criança conseguiu aprender esse ofício. Limito-me então a dizer que para Nicasi isso foi logo um ganho, como o foi para aquele a quem ensinaram um ofício.

Esse menino, que não era mais uma criança, se encontrava casado e pai de família; ele morava em outro lugar; não tinha mais nada para fazer na casa dos Nicasi a não ser lhes dar de presente, de vez em quando, alguns quilos de farinha de milho.

Quando Nicasi veio me tirar do orfanato, encontrava-se na mais absoluta miséria. Estava ameaçado de deixar o casebre que o hospedava se não conseguisse os cinco ou seis francos que devia a seu proprietário; o mercador de milho não queria mais dar crédito porque ele já lhe devia a soma de algumas promissórias; a estação não estava propícia para lhe permitir encontrar como ocupar seus dias — o que iria fazer?

É certo que se Nicasi morasse em um país onde existisse a escravidão, ou seja, onde os homens têm ainda um certo preço, teria logo descartado a idéia de que, para melhorar sua situação, só lhe restava ter um escravo em sua casa (pois, antes de tudo, era preciso que ele tivesse com o que poder comprá-lo).

Entretanto, tendo a felicidade de morar em um país **civilizado**, foi exatamente nessa idéia que Nicasi se concentrou e executou. Sua memória, com efeito, lembrou-lhe que em Parma há uma casa que dá dinheiro a todo mundo, contanto que a pessoa que o queira esteja decidida a pegar também um desses seres que ela recolhe simplesmente *pro forma* e para que não digam que ela está em FALTA.

O que faltava a Nicasi para se apresentar ao guichê desse banco? Segundo o regulamento que serve para dirigi-lo, era-lhe preciso um certificado assinado pelo prefeito da comuna, certificado assegurando que Nicasi se encontrava em estado de alimentar, abrigar, educar e mandar aprender um ofício à criança reclamada.

Mas para o que serve, repito, ter em vigor bons regulamentos? Digamo-lo de uma vez por todas: não serve para nada além de fornecer, àqueles a quem violam, razões suficientes para odiar aqueles que governam, ainda mais por não lhe deixarem nem a esperança de obter justiça dos erros contra ele cometidos.

Pois onde está o tribunal encarregado de escutar esse tipo de queixa? Queixas que merecem, entretanto, ser atendidas, face às conseqüências que têm para a vida daquele que dela foi vítima!

De minha parte, é preciso bem que o diga, e foi precisamente a partir do dia que tive consciência da irreparável injustiça que cometeram com a minha infância, privando-a daquilo que a lei prescrevia em seu favor — privação da qual eu devia sofrer por todo o resto de minha vida —, que senti o primeiro dos numerosos empurrões que deveriam acabar, apesar da resistência que eu oferecia, por me fazer cair no abismo.

Queda sem importância, admito, e que teria passado desapercebida àqueles que me honraram em qualificar-me como **seu semelhante**, se não tivesse acarretado o imprevisto...

Como se pode ver, Nicasi estava longe de se encontrar na situação que a direção do orfanato deveria exigir antes de lhe confiar um de seus pensionistas.

Entretanto, nesse caso e somente nesse caso, me enganaria ao imputar todo o erro à direção já que, se ela aceitava o pedido de Nicasi, era porque ele tinha em seu poder o certificado previsto. E quero acreditar que as qualidades que esse certificado dava sobre a situação de Nicasi deviam, se não eram exatamente conforme àquelas que exigia o regulamento, ao menos se aproximar delas. Ora, a direção não podia saber se esse burguês gozava ou não das qualidades que lhe davam. É verdade que apenas as vestimentas de Nicasi — cuja aparência era absolutamente miserável — teriam sido suficientes, me parece, para lhe recusar não apenas o que ele pedia mas também de lhe fazer deixar a entrada do orfanato. Mas, para agir assim, era preciso que a direção desse à vida de seus pensionistas um valor mais alto.

Quanto a ele, Nicasi, devemos convir que devia lhe importar muito pouco se a criança recebia ou não os cuidados que o orfanato exigia. Pois, sem isso, como teria ousado pedir que a confiassem a ele, a ele, que não possuía nem mesmo do que viver? É precisamente porque estava consciente de sua pobreza que Nicasi, em vez de pedir uma criança de dois ou três anos e que lhe teria trazido oito ou dez francos por mês, mas que, em troca, ter-lhe-ia obrigado a alguns cuidados, contentava-se com um mais velho que lhe trazia apenas cinco francos, mas que podia se virar sozinho.

Logo, é ao prefeito que deu o certificado a Nicasi que se deve imputar a culpa. Culpa ainda mais grave quando se considera que — tivesse sido um magistrado digno do emprego que ocupava — teria tido tempo de repará-la reconduzindo-me ao orfanato, pois lhe era fácil ver o abandono no qual os Nicasi me deixavam...

Mas é preciso que se saiba que se o prefeito não agiu segundo seu dever é porque seu interesse pessoal o impedia. Com efeito, como veremos adiante, seria nas mãos desse miserável que Nicasi depositaria meu carnê do orfanato: e seria ele, o pouco digno magistrado, a receber as cem moedas mensais: pois o prefeito era precisamente esse mesmo mercador de milho ao qual fiz menção acima: Trigoni Casteme era seu nome, nome que sempre me causa medo.

Foi-me preciso um certo tempo, levantando-me na manhã seguinte, para me persuadir de que estava de fato acordado.

Ai de mim! Que mudança, em vinte e quatro horas, se operou em minha condição que era, contudo, já bem infeliz!

Há aqui em que refletir para aquele que o queira, e estou certo: não será preciso uma longa meditação para conseguir se convencer de que seria cometer um grave erro não imputar a essa mudança nenhuma das numerosas conseqüências que me conduziram ao lugar onde me encontro.

Quem poderia ter reconhecido, com efeito, que essa criança melancólica, que se agitava ali, completamente vestida, sobre o chão onde tinha passado a noite, coçando-se com tanta freqüência em todas as partes do corpo como se inteira coberta de sarna, era a mesma criança que, ontem a essa mesma hora, escovava cuidadosamente suas roupas, engraxava seus sapatos e, feliz por se ver novamente entre seus camaradas após um mês de ausência, estudava alegremente sua lição de escola?

Ontem, a vida dessa criança tinha ainda certo valor, pois tendo a infelicidade de estar privada dos que a tinham gerado, encontrava-se sob a proteção da sociedade inteira.

Hoje, essa mesma vida não tinha mais nenhum valor, pois uma negligência de um magistrado — negligência voluntária, repitamos — tinha sido suficiente para afastá-la, de repente, de todos, todos seus protetores, sem exceção do Celeste (*hoje ele está convencido de que essa nobre pessoa não podia nada fazer para evitar essa infelicidade, é porque ele venera seu nome, pois Ela o merece; contudo, se pudesse acreditar um instante no poder que Lhe dão, é então que sua veneração se transformaria subitamente em desprezo por Ela e por todo Seu parentesco)* — Aquele mesmo que gosta tanto das criancinhas, segundo ensinavam ao abandonado; pois não devei mais ouvir falar dele a não ser com palavras injuriosas — não foram suficientes as súplicas do infortunado que, chorando, tinha pedido para que não o afastassem do orfanato. Pois, ainda que inconsciente da horrível sorte que o esperava, seu jovem instinto lhe tinha permitido pressentir que era mal que lhe faziam agindo assim; foi por isso que suplicou, mas em vão.

Ontem, seria muito fácil prever que essa criança iria mais tarde exercer um ofício, que lhe permitisse ganhar honestamente a vida, e deixá-lo feliz o bastante para esquecer as tristes circunstâncias que tinham presidido seu nascimento; e, ao mesmo tempo, mantendo igualmente afastado dele o ódio que engendram as desigualdades sociais. Pois ele não tinha, ele também, recebido seu pequeno quinhão? Sim, pelo modo que o educaram — que era o modo regulamentar, não o esqueçamos —, ele tinha recebido sua parte, a parte justa adaptada à sua pessoa.

Hoje, ao contrário, era difícil prever o que guardava o futuro dessa mesma criança. E o que se podia prever sem que a palavra PRISÃO surgisse imediatamente?

Mas não antecipemos.

Vi Nicasi ajoelhado em frente ao aquecedor assoprando as brasas, com força, para acender a lenha com a qual ele as havia recoberto. Ele tinha cuidado em manter, com uma mão, sua barba junto ao peito.

Tendo acendido o fogo, Nicasi colocou sobre as brasas dois objetos parecidos com dois pequenos quadrados de barro cozido; mas a argila da qual eles eram compostos devia ser comestível. Pois Nicasi, que tinha me mandado levantar sem entretanto me perguntar se havia dormido bem, disse-me, tocando um desses quadrados com um tição: "Essa aqui é para você, vamos esperar que esteja assada e depois você poderá comê-la".

Alguns instantes depois, vendo que o burguês atacava com grandes bocadas o outro pedaço, peguei aquele que me tinha sido destinado e o imitei. Não era a primeira vez que comia polenta, pois os Monici, eles também, faziam-na às vezes. Entretanto, aquela que estava comendo era bem diferente da que tinha comido antes. Com efeito, além de sentir um sabor azedo, via finos fios brancos se obstinarem a seguir o trajeto que os pedaços faziam para chegar a minha boca.

Preciso dizer que não era parmesão escorrendo da polenta. Eram apenas os fios que o quadrado mesmo tinha formado e isso por causa da sua velhice. "A polenta lhe agrada?", me perguntava Nicasi.

— Sim, pai, e para lhe provar, farei todo o possível para comer tudo.

— Ó! Não, não! Não é necessário forçar; ao contrário, aconselho a você colocar um pedaço de lado, você comerá mais tarde.

Alguns minutos mais tarde, Nicasi, que acabava de colocar sob seu braço um pequeno saco de farinha, saiu do casebre dizendo-me para segui-lo. Após um quarto de hora, chegamos em frente a um grupo de casas e vi, acima da porta de uma delas, um escudo com essa palavra em letras grandes: MUNICÍPIO (prefeitura).

Nicasi parou e bateu à porta. Foi o próprio prefeito que, após uma pequena verificação através da janela situada acima da porta, veio nos abrir.

"Estou contente em ver que você conseguiu", disse o prefeito me olhando após ter respondido educadamente ao bom dia de Nicasi. Este, enfiando a mão em um dos seus bolsos, retirou o carnê que tinha recebido do diretor do orfanato no dia anterior e o entregou ao prefeito. O magistrado o pegou apressadamente e começou a folheá-lo. Após um rápido exame, o prefeito embolsou o carnê e nos conduziu, sorrindo, a um cômodo contendo um enorme monte de milho.

Sempre sorrindo, o distinto magistrado ordenou a Nicasi para abrir o saco e jogou dentro, após ter medido, o conteúdo de dois *boisseaux* (antiga medida de grãos). Ouvi o prefeito felicitar Nicasi, dizendo-lhe: "Você tem sorte pois eles lhe deram um que já sabe ler e escrever; assim, conseqüentemente, você ganhará também o bônus".

"Mas isso não é o que eu já tinha predito?", respondeu meu burguês carregando o saco em um dos ombros e se afastando para levá-lo ao moinho a fim de moer seu conteúdo.

"Volte para casa", disse-me Nicasi vendo que eu o seguia, "diga à sua **mãe** que fui ao moinho, que estarei de volta em duas horas e que ela deixe pronto o caldeirão".

Tomei, então, a direção de casa. Alguns camponeses que encontrava ficavam surpresos em ver uma criancinha vestida como um soldado (o uniforme que nos faziam usar no orfanato lembrava muito o uniforme da infantaria). Eu os ouvia dizer:

"A quem pertence essa criança? Como ele se encontra aqui, nessa cidadezinha? De onde vem? Aonde vai?"

"Sou filho de Nicasi", respondi àqueles que me perguntavam diretamente, "vou para a casa que fica no meio do lugarejo que vocês vêem lá no alto".

"Ó! Pobre criança! Ó! Infeliz criança!", eu os ouvia dizer enquanto me afastava.

Encontrei Nicasi sentada em frente ao fogo, ocupada em colocar um de seus dedos na cloaca de uma galinha que ela segurava entre as pernas.

Alguns instantes depois, levantou-se e, tendo aberto a porta, lançou com raiva a galinha para fora. Em seguida, e após ter fechado a porta, inspecionou outra galinha. Essa teve o mesmo destino da outra, a não ser pelo trajeto no ar, que foi maior, pois a raiva da Nicasi tinha aumentado muito.

Enfim, ela examinou a terceira galinha. Esperava ver essa última ter o mesmo destino das duas outras e lamentava quase não poder vê-la durante o vôo, já que tinha visto apenas galinhas em gaiola. Mas minha espera foi frustrada, entretanto, pois, em vez de jogá-la fora, a Nicasi, após tê-la mimado um pouco, colocou-a no chão amavelmente e em frente à tigela de madeira com três quartos cheios de não sei que mistura.

Essa inspeção, que a Nicasi tinha costume de realizar diariamente antes de libertar suas três galinhas, tinha por fim assegurar se era ou não o dia de postura de ovos.

É precisamente porque não era o dia que as duas primeiras tinham sido tratadas tão duramente enquanto a terceira, que devia pôr ovos algumas horas mais tarde, só devia sair do **apartamento** cantando sua entrega.

Era após essa inspeção que a Nicasi compunha seu humor do dia, bom ou mau, de acordo com os resultados obtidos. Havia ali motivo, em demasia, e minha **mamãe** não estava completamente errada em ficar zangada.

É preciso saber que essas três galinhas eram de grande utilidade nessa casa **burguesa,** pois graças a seus ovos, que a Nicasi vendia, podia-se comprar sal para salgar a polenta e a miga de pão; e — isso era o mais importante — rapé para satisfazer seu hábito de cheirá-lo.

Que caretas horríveis ela fazia ao espirrar! Posso vê-las ainda; caretas que teriam mais do que bastado para assustar todas as crianças de dez orfanatos.

Tendo terminado essa interessante inspeção, a Nicasi (a quem tinha acabado de dar a mensagem da qual fora encarregado), mandou-me buscar, com um velho caldeirão sujo e uma concha de madeira, água no Boccolo, pequeno riacho que corria ao pé da colina em que se situava o lugarejo.

Quando voltei, ela colocou o caldeirão no fogo, preso a uma barra de ferro sustentada por duas grandes pedras.

A água fervia há muito tempo quando, enfim, Nicasi fez sua entrada com a farinha. Após meia hora, uma grande polenta, que por sua forma e sua cor eu comparava mentalmente à lua, fumegava sobre a tampa da velha caixa — móvel que servia de mesa.

A Nicasi tinha feito a polenta sem peneirar a farinha — era para deixá-la mais substancial —, coisa que me tinha surpreendido um pouco. Pois me lembrava de que a Monici, quando fazia esse tipo de comida, tinha o cuidado de passar a farinha em duas peneiras, uma mais fina que a outra. Lembrava-me também de que na casa dos Monici tinha sempre mais alguma coisa para comer junto, enquanto na casa dos Nicasi constituía abundância quando era possível saciar-se com polenta apenas. Qualquer outra comida, salvo uma magra sopa aos domingos, e a miga a cada volta de meu **irmão**, era inusitada na casa desses burgueses.

Durante os três anos em que **morei** na casa deles, nunca os vi assar pão, enquanto as sete outras famílias que moravam nesse mesmo lugarejo e que passavam, no entanto, pelas mais pobres da cidadezinha, faziam-no com freqüência. Em resumo: a família Nicasi era a mais pobre das mais pobres.

Na noite daquele mesmo dia, tive a explicação completa das palavras que Nicasi tinha pronunciado na véspera, a respeito de minha hora de dormir.

Ele me conduziu, então, a uma granja isolada e distante do lugarejo um quilômetro, aproximadamente. Encontramos o meeiro que parecia muito conhecido de Nicasi, e vi a estrebaria que continha, nesse momento, quatro grandes bois.

Enviaram-me a pegar, com uma corda, palha em uma mó localizada no prado. Tendo levado o feixe à estrebaria, Nicasi colocou a palha na mesma manjedoura à qual estavam presos os bois, mas distante deles. Em seguida, explicou-me os serviços que devia fazer para que o fazendeiro me permitisse vir dormir ali todas as noites na estrebaria. Devia limpá-la todas as manhãs, arrumar a liteira colocando a palha que tinha me servido para dormir e, se o fazendeiro me ordenasse, ir à mó para pegar mais. À noite, antes que ficasse escuro, devia vir à fazenda para preparar minha cama e ajudar nos trabalhos da estrebaria.

Foi graças a esse pequeno trato, aceito pelo meeiro, que Nicasi pôde abrigar a criança que a sociedade lhe havia confiado.

Um quarto de hora mais tarde, eles deixavam a estrebaria fechando a porta, à chave, pelo lado de fora. Apesar de minha boa cama, se comparada àquela que tinha tido na noite anterior, não consegui dormir, pois, nunca tendo estado perto de bois e ignorando ainda sua natureza, chorei pensando que essa noite eles iam me comer. O menor barulho que eles faziam era suficiente para me fazer sentar rapidamente, gesticulando em volta de mim para assustá-los e afastá-los como se fossem moscas.

O que aumentava ainda mais meu medo eram os ratos que, a trote, se obstinavam em passar sobre meu corpo inteiro, como se fosse uma passarela.

Já disse que foi simplesmente pelo proveito que devia lhe dar a criança que Nicasi tinha sido levado, pela miséria, a tirá-la do orfanato.

Dessa verdade que, agora, deve parecer absurda — visto a soma mínima que Nicasi retirava — seremos convencidos quando me virem deixar definitivamente sua casa. Esperando, lembrarei, caso vos tenhais esquecido, que, nesse momento, faltava um mês para eu completar nove anos e, por conseqüência, meu carnê devia conter trinta e sete vales. No fim de cada mês, destacando um desses vales — o que correspondia ao mês findo — e levando-o ao prefeito da comuna, recebia-se, em troca, cinco francos.

Essa pena era poupada a meu burguês, pela razão que já se sabe.

O orfanato pagou então a Nicasi, em mensalidades, a soma de **185** francos, mais **100** francos como bônus, no total: **285** francos. Soma enorme nesse vilarejo e ainda mais para essa família.

Para receber esse bônus, Nicasi se viu forçado — contra sua vontade, sem dúvida — a me enviar alguns dias à escola. Sem isso, o professor não teria podido — a menos que ele quisesse imitar o pouco digno prefeito — entregar-lhe um certificado declarando que eu tinha sido seu aluno, coisa indispensável, ainda que fosse de pouca importância, para fazê-lo obter o bônus.

Digo de pouca importância porque, como se leu mais acima, a direção, segundo o regulamento, antes de dar o bônus a Nicasi, devia me submeter a um exame no orfanato no fim do meu segundo ano.

Foi então simplesmente para que não lhe recusassem o certificado que Nicasi me permitiu freqüentar a escola do vilarejo até as próximas férias — exatamente três meses. De resto, as despesas que custaram meus três meses de estudo me foram enormes. Com efeito, por mais que o professor me repetisse para dizer a **meus pais** que comprassem tal ou tal livro, já era muito se os Nicasi, após longas discussões, chegassem a um acordo e me dessem um ovo para comprar um caderno. Durante esses três meses, pude rabiscar em quatro cadernos, cujas despesas exigiram quatro ovos.

Apesar dessa privação de livros e também de encorajamento, consegui, no dia dos exames, ganhar o primeiro prêmio (*se alguns incrédulos quiserem se assegurar desse fato, só precisam ir a Varano de Melegari e verificar o registro dos exames escolares do ano de 1882*), ainda que houvesse, entre os concorrentes, crianças com treze e quatorze anos. Mas é preciso também levar em conta que na escola do orfanato se aprendia bem mais do que nesse vilarejo.

Deixei na escola desse vilarejo uma lembrança que, após meu crime, foi julgada, por certos jornalistas ávidos por notícias, como tendo relação com minha punhalada: lançando meu boné com viseira no ar, tinha quebrado, involuntariamente, o vidro colocado na frente do retrato de Sua Majestade Humberto I. Não foi preciso mais do que isso para esses bons juízes afirmarem que, já nessa época, eu era inimigo dos reis...

Esse prêmio consistia em um belo atestado rodeado de ornamentos, e certificando que eu tinha capacidade para freqüentar uma classe superior.

Querem saber o fim que a Nicasi deu ao meu diploma? Ela o colou sobre a moldura da janelinha para substituir o velho papel que estivera ali até então. Eu o vi nesse lugar até a primavera seguinte; foi uma galinha que, em um momento de pavor, o transpassou para abrir uma saída.

A propósito do prêmio, devo dizer que já tinha ganhado um outro quando freqüentava a escola da Creche.

É verdade que esse prêmio, visto as conseqüências que trouxe, deveria ter sido suficiente para me fazer perder a vontade de ganhar outros.

Eis o porquê: os prêmios distribuídos na Creche consistiam em maçãs, grandes ou pequenas segundo o saber do estudante. Havia ganhado uma das maiores. Querendo dá-la a Monici, tinha conseguido, empurrando com força, enfiar a maçã em um bolso de minha calça.

No meu retorno para casa e antes de entrar, vi-me obrigado, e após vãos esforços, a rasgar o bolso para poder tirar a maçã. Querendo, ao menos por essa vez, poupar às minhas **nádegas** o contato de certos tapas que as palmas da Monici ali aplicavam quando eu rasgava minhas roupas, tive cuidado em aproveitar do momento em que lhe ofereci a maçã — momento desfavorável que me fez lamentar amargamente não ter ganhado uma maçã pequena em vez de uma grande.

Diariamente, durante esses três meses de escola, tive de suportar torturas morais que, se estivesse em idade de compreendê-las, teriam sido mais que suficiente para me fazer maldizer o dia que me tinha visto nascer.

Era meu uniforme do orfanato que atraía para mim, da parte de todos os outros alunos, todo tipo de maldades. Eles não se contentavam somente com caçoar de mim, dirigindo palavras injuriosas a mim e a meu uniforme, mas chegavam também às vias de fato, atirando contra mim tudo que lhes caía nas mãos, pronunciando estas palavras:

"Cacciamo il bastardo!" (Expulsemos o bastardo!).

Foi por essa palavra que sempre fui chamado nesse vilarejo, até mesmo pelos Nicasi. Naquela época, acreditava que era um apelido.

Por mais que me apressasse em ajudar a fazer os deveres de escola a todos aqueles que me pediam, e isso com a esperança de fazer amigos, uma vez fora da escola, eles esqueciam todos os serviços recebidos.

Sua maneira de agir me forçava a voltar para casa e ir à escola correndo por trilhas afastadas a fim de escapar da conduta desses colegas, tão diferente daquela de meus amigos do orfanato.

Meus sofrimentos foram ainda mais agravados a partir do dia em que um aluno, o que estava sentado atrás de mim, viu piolhos andando no colarinho de meu uniforme: ele deu imediatamente o alarme. Esses insetos eram muito familiares aos Nicasi, pois, como já disse, era em um canto do cômodo que o filho acumulava os trapos esperando juntar pelo menos dois quintais antes de ir vender em Parma. Aliás, os Nicasi não se davam ao menor trabalho para se livrar deles; eles se contentavam somente em matar aqueles que caíam em suas mãos durante as raspagens.

Acreditem-me, então, se digo que quinze dias após minha saída do orfanato, já tinha um grande número desses insetos sobre mim. Insetos que deviam se multiplicar com uma rapidez inacreditável. Pois, obrigado a deitar todo vestido em uma estrebaria, não trocando nunca de camisa pela simples razão que possuía apenas uma, não é preciso mais para que eles se aclimatassem comodamente.

Não se poderia imaginar tudo o que sofri a partir do dia em que descobri em mim esses meus locatários de seis patas. Não foi apenas da parte dos estudantes que recebi injúrias, mas também das pessoas mais velhas.

Lembro-me (triste lembrança, e me emociona profundamente evocá-la) que um dia uma criança, que morava nesse mesmo lugarejo, estava sentada um momento ao meu lado para que eu lhe ajudasse a fazer um dever de aritmética, teve de passar por uma severa correção administrada por sua mãe.

Ouvi dizer, batendo em seu filho: "Ainda essa manhã lhe disse que não queria mais vê-lo com esse aí coberto de piolhos!".

E ela me olhava com desprezo, afastando-se com seu filho.

Ah! Como posso esquecer minha infância para sempre? Quem então se arrependerá dos males que ela teve de sofrer? Diga-me, ó sociedade, é, de fato, essa a maneira como se devia tratar seu pupilo? Entretanto, as palavras e o olhar dessa mulher me tinham deixado tão envergonhado que não ousei nem mesmo voltar para a casa dos Nicasi. Fui, então, pela primeira vez, e chorando, esconder-me em uma floresta vizinha para começar a operar o desalojamento desses odiosos insetos, causa do aumento de meus sofrimentos. Operação que por conseqüência devia renovar quase diariamente sem, entretanto, conseguir a destruição total. Eram horas horríveis que passava nessa tarefa. Pois, apesar dos cuidados que tinha em me esconder em lugares bem espessos para que nenhuma pessoa pudesse me ver, acreditava sempre que alguém me via. Não me servia de nada levantar-me a cada instante e dar olhadas inquietas em volta de mim, escutar e não encontrar ninguém, tinha sempre medo de ser visto nessa repugnante ocupação.

Foi-me preciso cinco ou seis anos antes de conseguir perder um costume que tinha adquirido nessa época: costume que consistia em voltar-me, a cada instante, para ver se alguém olhava o colarinho de minha roupa.

Passava minhas férias (férias sem fim, ai de mim! O que não teria dado, com efeito, ainda que fosse objeto de risadas, para ser novamente enviado à escola! Mas essa esperança devia ser-me proibida, como mais tarde, a de aprender um ofício), digo, a recolher excrementos de pássaros e de cavalos na estrada.

Todas as manhãs, para ser dono de um quadrado de polenta, devia apresentar a meu **papai** e a minha **mamãe** um velho cesto cheio dessas merdas (*não se escandalize, ó leitor, peço-lhe! Esperavas que, em minha história, fosse lhe falar de diamantes?*) que recolhia secas ou "fumegantes" e com as mãos, percorrendo na estrada uma distância mais ou menos longa dependendo de ser ou não o dia do mercado em Fornovo, povoado afastado sete quilômetros de Varano.

Fornovo. Foi diante desse povoado que, no fim do século XV, houve uma grande batalha entre franceses e espanhóis. Vêem-se ainda ali os vestígios de uma longa ponte — demolida durante a guerra — que atravessava o Taro e o Ceno, dois rios que se encontravam em frente de Fornovo para formar apenas um, cujo nome é Taro. Desde então, essa ponte, apesar dos grandes serviços que podia oferecer aos habitantes desses dois vales, não foi mais reconstruída — a menos que ela o tenha sido durante esses últimos dez anos. Isso prova o progresso que esses quatro séculos e a Itália UNIDA trouxeram a esses vales.

À tarde, percorria novamente as estradas para ali encontrar e encher, uma segunda vez, o cesto.

Um dia por semana, geralmente às segundas-feiras, ia com um saco de trapos remexer todos os lixos que via no vilarejo — notadamente aqueles das famílias abastadas — para ali recolher os ossos, os trapos e outras coisas preciosas...

Todos os meses, Nicasi vendia a um rico proprietário do vilarejo o monte de esterco que tinha acumulado em frente ao casebre; isso lhe dava aproximadamente três francos.

Estive ocupado nesse trabalho até 15 de novembro seguinte. A partir dessa data, um acaso forneceu ao meu burguês a ocasião para me ocupar em um outro emprego um pouco mais frutuoso — pois sem isso ele não teria permitido.

Antes de dizer em que esse emprego consistia, direi algumas palavras sobre os casamentos ridículos do filho e da filha de Nicasi.

Já se sabe que a filha de Nicasi, nessa época, tinha vinte e nove anos e trabalhava como doméstica em um outro vilarejo, Noceto.

Foi nesse vilarejo que ela se casou, no começo do mês de agosto desse mesmo ano, com um viúvo de cinqüenta e cinco anos, dotado de uma pequena corcunda nas costas, casamento que a morte deveria, em breve, separar.

Esses novos abençoados, que tinham vindo passar sua "lua-de-mel" na casa de meus burgueses, partiram na noite do mesmo dia para voltar ao vilarejo onde deveriam morar a partir de então. Eles tinham deixado a velha Nicasi ébria de alegria, pois ela recebera de presente, da parte de seu genro, tecido para fazer uma roupa nova e um par de sapatos — já feitos.

Apesar do defeito da idade de seu genro, ouvi, com freqüência, a Nicasi se vangloriar com as vizinhas que sua Carlota tinha tido a sorte de se casar com um homem tão BELO e quase um concidadão: pois a distância de Noceto a Parma é de apenas cinco quilômetros.

Um mês após o casamento da irmã, também o fornecedor de miga se casava em um desses pequenos vilarejos perdidos na montanha.

Coisa extraordinária, esse aborto, que já tinha trinta e três anos, teve a audácia de se casar com uma moça de somente dezessete anos. Era uma pobre órfã privada totalmente de parentela e que desde sua mais tenra infância ganhava a vida pastoreando as cabras de todos os habitantes do vilarejo.

A infeliz pensava, sem dúvida, aumentar seu bem-estar casando-se com esse vendedor de trapos que devia conduzi-la para viver lá adiante, onde as montanhas são menos altas e cujos habitantes (é o que se diz por lá) vivem todos no conforto.

Essa infeliz tinha conseguido juntar um pequeno dote de duzentos e cinqüenta francos, soma economizada pouco a pouco com os magros salários recebidos em troca de seus árduos serviços.

Ela logo lamentaria ter deixado seu vilarejo natal. Com efeito, alguns meses depois do casamento, a casa dos Nicasi tinha se tornado o escárnio de todos os habitantes do vilarejo.

Pois a Galinhola não parava nunca de brigar com sua nora; esta, que tinha uma estatura muito grande em comparação a de todos os Nicasi, respondia à SOGRA com socos e unhadas. E não se limitava apenas a bater em minha **mamãe**, mas fazia o mesmo com seu marido, reclamando-lhe sem parar seus 250 francos para poder voltar a viver nas suas montanhas.

Meu burguês tinha acreditado remediar esse estado de coisas aconselhando a seu filho a ir, com sua esposa indócil, fundar um lar em outro lugar; foi o que fizeram. Mas essa separação só devia durar alguns dias, pois as razões de disputas entre as duas mulheres iriam aumentar infinitamente.

Pois o casal, que tinha se alojado nesse mesmo lugarejo, não possuía nem uma vasilha para colocar água. Eram, então, obrigados, sempre que queriam fazer uma refeição, a ir à casa dos velhos para pedir emprestado os utensílios necessários.

Ora, a Nicasi encontrava prazer em recusar a Montanara (Montanhesa, é assim que chamavam a nora) tudo que ela pedia — o que lhe dava oportunidade para freqüentes combates (foi, provavelmente, durante uma dessas batalhas que uma galinha perfurou, com toda a largura de seu corpo, meu diploma, para se esquivar de prováveis perigos).

Eles se uniram, então, para formar um único lar. União que deveria logo se romper para se refazer outra vez.

Em resumo: essas mudanças se tornaram tão freqüentes que até o marido, na volta de suas viagens, tinha por hábito, antes de ir virar sua saca repleta de cascas de pão na casa dos pais, informar-se se sua esposa estava ou não ali.

Esse espetáculo durou até que uma numerosa prole — direi mais tarde seu número — persuadiu os esposos da utilidade que havia para eles em suportar com um pouco mais de paciência o humor azedo e respeitar também um pouco mais a autoridade da SOGRA. Pois guardando a ninhada, a Montanhesa podia ir ganhar sessenta centavos por dia trabalhando nas fazendas (tal é o pagamento diário que dão às mulheres na primavera e no outono. No verão, pagam um franco, um franco e vinte, no máximo).

É uma coisa vergonhosa, sinto, relatar aqui a conduta dessa família, já que, no final das contas, é uma família da qual fiz parte durante certo tempo. Mas é precisamente para que se saiba em qual meio se desenvolveu uma parte de minha infância que relato tais coisas. Aliás, essa família merece respeito de minha parte?

No dia de São Martinho do mesmo ano, veio morar nesse vilarejo, e justamente nesse lugarejo, um mendigo cego. Esse infeliz precisava de uma criança para levá-lo mendigar.

Acredito que lhe teria sido difícil encontrar um guia nessa cidade se Nicasi não tivesse se apressado em me oferecer. É preciso dizer que a idéia de meu burguês ao me propor para tal serviço era absolutamente desprovida desses princípios que levam um homem a praticar atos piedosos!

Ele tinha calculado que, ao me dar essa ocupação, poderia tirar de mim um proveito maior do que aquele que tirava ao me enviar para recolher os excrementos de pássaros e de cavalos.

Eis por que me fez colocar de lado o cesto de merdas para ir conduzir o cego.

Eis o contrato que Nicasi tinha estipulado com esse pobre Tobias: eu devia estar, diariamente, à disposição deste último, levando-o para mendigar nos vilarejos das redondezas e nas fazendas distantes; devia aceitar tudo o que lhe davam e colocar em uma sacola que eu levava presa com um barbante trançado em minhas costas.

À noite, quando voltávamos para a casa, Nicasi fazia duas partes — era meu burguês que fazia a divisão — de tudo o que tinham dado ao cego: uma parte ia para ele e a outra ficava em NOSSA casa.

Então, todas as manhãs, quando voltava da estrebaria, partia com o cego, menos quando nevava muito ou chovia, para lhe ajudar a fazer o itinerário que meu **papai tinha me indicado na noite anterior**.

(Quando havia uma quermesse em algum vilarejo, era ele, meu burguês, que ali conduzia o cego, pois essas festas forneciam a este último a ocasião de receber a esmola em dinheiro.)

Andava na frente do cego segurando em uma de minhas mãos a ponta de um longo bastão; a outra ponta ficava em uma das mãos de Tobias. Quando chegava diante a uma porta, parava e avisava o cego (tinha sempre cuidado de parar apenas nas portas que tinham um certo JEITO...).

Ele começava então a recitar longas homilias totalmente desprovidas de sentido, e em que o nome **Lúcia** (patrona dos cegos, segundo dizem) era freqüentemente repetido, até que a doméstica nos tivesse dado alguma coisa para nos afastar. Havia domésticas que, com a desculpa — desculpa que nada tinha de falso, aliás — de que não possuíam nada de **cozido**, davam-nos, uma, um punhado de grãos de trigo, outra, um punhado de favas, uma terceira, um punhado de grãos de milho e outras, cereais.

Havia também aquelas que nos davam punhados de diferentes farinhas.

Eu enfiava todas essas coisas juntas na sacola, os grãos em um compartimento, a farinha em outro. Ainda que esse serviço me tivesse acrescentado motivos para uma zombaria a mais por parte de todas as crianças que encontrava, eu o cumpria com uma pontualidade digna de elogios.

Por isso, todas as vezes que, desde então, me lembrava dos serviços que prestara ao cego, sempre sentia alegria e fico contente por ter relatado, aqui, essa lembrança.

Entretanto, apesar da boa vontade que tinha para cumprir esse serviço, era raro o momento em que meu burguês, fazendo a divisão, não encontrasse alguma coisa para me reprovar.

Ao ouvi-lo falar, poder-se-ia dizer que ele conhecia — e acredito de fato que ele devia conhecê-las — todas as diferentes qualidades de pão que se fazia em cada uma das famílias das redondezas.

"Maroto", me dizia ele com freqüência, "você não o conduziu àquela ou àquela outra família, pois não vejo aqui ingrediente do pão deles!"

Ele esquecia que não era apenas pão que davam ao cego. Após a divisão, Nicasi, dando-me alguns pedaços de pão ou de polenta, indicava-me o itinerário por onde eu deveria conduzir o cego no dia seguinte.

Eu levava o cego para seu casebre e, correndo, ia à estrebaria preparar minha cama e fazer alguns trabalhos que o caseiro me tinha pedido.

Esses últimos serviços terminados, eu adormecia (não profundamente, pois meus piolhos não me permitiam, apesar do cansaço), na companhia dos bois e dos camundongos que, então, não me davam mais medo.

Esse foi o tipo de vida que levei até o fim do mês de abril seguinte, para recomeçá-lo novamente nos primeiros dias do mês de novembro desse mesmo ano.

Durante esses seis meses de intervalo, fui encarregado de um outro tipo de trabalho. Trabalho menos lucrativo para meu burguês; não sei como ele pôde consentir em me dar uma nova ocupação.

Mas não se tratava nem mais nem menos do que agradar ou desagradar o pároco da cidade; pois esse havia pedido a Nicasi de me ter a seu serviço. Como poderia ter recusado o que esse personagem lhe pedia, personagem que, com uma palavra, poderia ter enviado aos infernos a alma de todos os Nicasi?

Ele, então, o atendeu; e eis, em dois artigos, o contrato:

1. eu devia ficar na casa do pároco até o fim do mês de outubro — ou seja, somente durante a boa estação.

2. eu receberia, por isso, simplesmente a comida, e meu burguês receberia seis francos em dinheiro.

Esse pároco que na hierarquia eclesiástica tinha o título de **cura** — pois Varano é um grande vilarejo em comparação com as cidadelas que a cercam — chamava-se dom Giuseppe Venusti. Nunca conheci pessoa mais avara que esse indigno pregador de caridade... e verdades, segundo dizem. Esse pretenso discípulo de um mestre, que despreza os bens desse mundo, não se contentava, com efeito, em gozar as rendas das duas fazendas que pertenciam à igreja (*tais são os bens dos quais goza, em geral, no que pude notar, cada um dos párocos que serve às igrejas desse vale. Não me surpreendo mais, depois disso, que esses falsos levitas, de vez em quando, tenham que salmodiar e cantar ladainhas. Surpreendo-me, entretanto, com apenas uma coisa: a de eles não terem vergonha de denegrir Adão, ele que merecia, da parte deles, ser adorado como seu verdadeiro deus. Confesso que não teria fracassado se, por acaso, tivessem me dado o gozo da mais pequena das fazendas, fazenda que teria cultivado eu mesmo, isso nem é preciso dizer. Pois sou agradecido e não teria deixado de reconhecer quem era meu benfeitor!*) — fazendas que ele mandava cultivar, uma por uma família de meeiros, dando-lhes apenas a terça parte de todas as colheitas; outra, ele mesmo cultivava, contratando, quando precisava, trabalhadores por dia. Ele pagava a esses infelizes salários miseráveis; mas dava-lhes, em contrapartida, bênçãos em abundância.

Esperando, era ele, dom Joseph, que comia o pão branco e que bebia o vinho moscatel que esses camponeses enfiavam em seu celeiro e adega. Ele não se contentava, digo, com os lucros das duas fazendas e daqueles de uma terceira que pertencia a ele próprio — era seu irmão que a cultivava — mas todos os anos ele comprava algum campo ou algum pedaço de floresta; e isso, sem dúvida, com o dinheiro e os presentes que recebia para tirar almas do purgatório e enviá-las diretamente ao paraíso. É o que os tolos acreditavam ao lhe trazer seus frangos destinados a apodrecer nas tripas de dom Joseph.

A primeira coisa que esse cura fazia quando comprava algum campo ou algum pedaço de floresta era cercá-lo de estacas que mandava colocar a cem metros de distância um do outro; e isso em detrimento dos pobres do vilarejo: pois enquanto essas novas compras tinham pertencido aos laicos, os pobres podiam ali entrar e recolher lenha e outras coisas; enquanto o irmão em Deus mandava colar nos postes inscrições deste tipo: "Proibido caçar; proibido recolher lenha; proibido recolher folhas secas; pastagens proibidas", ou outras semelhantes.

E toda essa avareza não tinha outra finalidade senão a de fazer um belo dote para sua irmã, a *signorina* Giovannina (senhorita Janete). Essa já tinha entrado na casa dos trinta anos; era muito alta e de uma magreza incomparável. É necessário dizer que essa senhorita professava uma avareza comparável a do irmão. Tive a oportunidade — é um grande erro que cometi e que confessarei em breve — de ver o lugar onde ela escondia dinheiro.

Comecei, então, no começo do mês de maio, meu serviço na casa do cura. Dois dias antes de ir para lá, meu burguês, sem dúvida para ter a **honra**, havia aconselhado minha mamãe a fazer uma limpeza completa em todas as minhas roupas, ou seja, meu uniforme do orfanato que, durante esse ano, tinha se tornado irreconhecível, mas ainda era ele, e ele apenas, que me servia de roupa. Não acreditava que, de todos os uniformes dos orfanatos do mundo, houvesse um que tenha tido o mesmo fim que aquele que eu usava no dia em que deixei o orfanato.

Então a Nicasi, resmungando, ferveu, em seu velho caldeirão de polenta, meu também velho uniforme, como se ele fosse um pernil de um carneiro velho.

Essa limpeza me forçou a ficar no **apartamento** pelo menos trinta e seis horas e completamente nu, esperando que minhas roupas ficassem secas.

Assim, estava limpo quando entrei na casa do pároco. Entretanto, não devia passar muito tempo antes de se formarem, em meus farrapos, novas lêndeas que deviam acabar por formar uma nova geração de piolhos. Pois na casa do cura também era de novo obrigado a deitar vestido, já que ele me colocava para dormir na granja, em companhia de ratos maiores que gatos.

Em resumo, para não me repetir — pois, acredite-me, leitor, tomo muito cuidado para não enjoá-lo nem fazê-lo perder o apetite —, direi de uma vez por todas que tive sempre comigo, salvo durante meu serviço de soldado e em alguns curtos intervalos, esses insetos.

O serviço mais importante que fiz para dom Joseph foi o de levar para pastar suas duas vacas e um gordo bezerro. Além desse serviço, devia cumprir um número infinito de tarefas que não me permitiam, a partir de quatro ou cinco horas da manhã até oito horas da noite, nem um momento de descanso.

Ele me fazia pagar caro a mísera comida que me dava.

Coisa inacreditável, esse arcipreste mandava assar em sua casa duas qualidades de pão; um era branco para ele e sua irmã; o outro era pão de centeio: para mim e Agnès — a serva. Para esta, ao menos, permitia fazer as refeições na cozinha e dormir em uma cama velha colocada no alto, sob o telhado; enquanto eu recebia a comida na estrebaria e era nesse lugar que fazia minhas refeições (adivinharão o porquê). Era-me proibido, com efeito, subir a escada que conduzia ao andar em que havia os quartos e a cozinha, a menos que tivesse recebido a ordem de ali levar a lenha ou pegar os sapatos para limpar, se Agnès se esquecia de descê-los. Foi exatamente voltando da cozinha, onde tinha levado lenha, que um dia tive a oportunidade, passando na frente do quarto de Giovannina, de surpreendê-la ocupada em esconder alguma coisa em sua cama.

Já disse em meu "Ao Leitor" que serei, nesta narrativa, de uma sinceridade extrema. É chegado o momento então de confessar um pequeno roubo que cometi na casa do pároco, no segundo mês que ali me encontrava.

Se dele me perdoarás ou não, isso me será indiferente.

Eis as circunstâncias em que cometi meu furto:

Certo dia do mês de junho, recebi de Agnès a ordem de levar um carregamento de lenha à cozinha. Para chegar ali, era-me necessário passar em frente ao quarto da irmã do pároco.

Andava descalço pela simples razão que não possuía sapatos. Voltando da cozinha, tinha surpreendido, como já disse antes, a Giovannina escondendo alguma coisa entre o colchão e o estrado da cama.

Ela estava de costas para a porta, foi o que a impediu de me ver pois não duvido que, se tivesse visto que eu a tinha notado nessa ocupação, ela não teria deixado de me mandar ao pároco.

Chegando, então, à estrebaria, tentei adivinhar o que a Giovannina podia esconder em sua cama.

Estava persuadido de que ela devia ter ali um depósito de maçãs do ano anterior, ou seja, prontas para serem comidas. Em conseqüência disso, apossou-se de mim a tentação de entrar em seu quarto para dali roubar uma maçã. Aproveitei, então, de um momento em que a irmã do pároco não estava em casa e entrei em seu quarto — quarto que não estava nunca fechado à chave pela razão que sua porta só possuía um simples fecho.

Enfiei meu braço direito entre o colchão e o estrado quando, em vez de maçãs, senti sob minha mão um grande número de moedas. Tremi como se tivesse tocado um ninho de víboras; fugi mais rápido que relâmpago; dessa vez não peguei nada.

Entretanto, alguns dias depois, voltei ao quarto com a firme intenção de pegar apenas um centavo. Estiquei então, novamente, meu braço e o retirei segurando entre meus dedos uma moeda. Corri para a estrebaria e, olhando meu furto, vi que, em vez de um centavo, era uma moeda de dois francos, de prata. Queria devolver naquele mesmo momento pois esses dois francos me pareciam uma soma tão enorme que não demoraria para descobrirem sua ausência.

Entretanto, pensando em recolocar imediatamente a moeda na cama, como minha consciência me pedia, deixei essa operação para o dia seguinte.

No dia seguinte, então, voltei ao quarto para depositar a moeda de dois francos e pegar, em troca, uma moeda de um centavo.

Para que não me enganasse, tive o cuidado, dessa vez, de levantar o colchão e virá-lo para o lado dos travesseiros. O que vi? Havia ali, na minha frente, entre dois largos pedaços de tecido, um grande número de moedas, suficiente para encher uma grande cesta. Essas moedas eram todas de cem centavos, de dois francos de prata e um grande número delas era de ouro, metal que, naquele momento, se não soubesse ler, teria cometido um roubo mais importante do que aquele de dois francos. Pois acreditava, assim, que essas moedas eram de centavos, bem novas; peguei então uma; foi só por acaso que li que seu valor equivalia a vinte francos!

Eu a devolvi imediatamente e, arrumando a cama, peguei novamente a moeda de dois francos, deixando depressa o quarto.

Escondi essa moeda em um buraco na parede da granja e ela ali ficou mais de um mês.

Foi no dia de feira desse vilarejo que a gastei comprando para mim uma calça. Para Nicasi, que me tinha perguntado quem tinha me dado as calças, respondi que era um presente recebido do pároco; a este último, respondi que foi Nicasi que a tinha comprado para mim.

Durante os dez meses em que morei de novo na casa do pároco — pois no ano seguinte devia ali voltar —, todas as vezes que devia passar em frente ao quarto da Giovannina, tremia como se ele fosse o quarto do diabo... Assim, paguei caro meu furto pois, além do remorso que sentia, temia sempre que o descobrissem.

Sentia muito bem que meu dever teria sido o de confessar meu erro; entretanto, não fiz nada e isso por medo de ser julgado mais culpado que o era de fato. Inútil dizer que durante esses dez meses nunca mais coloquei os pés no quarto em que tinha cometido meu roubo.

Tive, também, o cuidado de nunca contar a ninguém o lugar em que a irmã do pároco escondia seu dinheiro. Quanto aos dois francos, acredito que seu desaparecimento não tenha sido notado pela proprietária pois nunca a ouvi falar desse roubo.

No fim do mês de outubro, como o cura não precisava mais de meus serviços, voltei para a casa dos Nicasi.

Alguns dias depois, retomava a ponta do bastão do cego, e voltamos às andanças de antes.

Durante esse verão, o cego tinha feito várias viagens guiado pelo meu burguês. Este o havia conduzido a quase todos os vilarejos da província de Parma e assistido a todas as quermesses.

No ano seguinte, voltei para a casa do pároco. Dessa vez, o contrato tinha outros artigos. O tempo que devia ali ficar era o mesmo, ou seja, de 1º de maio a 31 de outubro, mas Nicasi, em vez de seis francos, receberia dez e eu, além da comida, devia, no dia da Madona de agosto, usar uma roupa de fustão bem nova, e até mesmo com botões, que dom Joseph devia me comprar. Não esquecerei de dizer que no dia da Madona o pároco tinha-me permitido, para que pudesse saracotear e festejar meu traje, não levar suas vacas para pastar; só precisava, nesse dia, dar-lhes feno e baldes de água.

Ele teve, também, a bondade, nesse grande dia, de me deixar jantar na cozinha e me enviar belos pedaços de carne, juro!, pedaços que me fizeram lamber os dedos uma semana inteira.

Como no ano anterior, no fim do mês de outubro o pároco não precisava mais de meus serviços. Assim, voltei, novamente, para a casa dos Nicasi.

Perguntar-me-ão, suponho, se, tendo ficado um ano na casa do pároco, não levei comigo uma certa dose de crenças religiosas. Respondo que não.

Acrescentarei que se, entrando a serviço do cura, tivesse alguns princípios religiosos, teria sido forçado a esquecê-los.

(Desde minha saída do orfanato, ninguém me havia falado de religião — e no orfanato mesmo, havia penúria desses preceitos. Poder-se-ia, por outro lado, objetar-me, alegando as homilias do cego, ao que responderei que seria uma objeção pueril e que não ma teriam feito se estivessem a par das mudanças repentinas que Tobias introduzia em suas histórias quando alguma casa nos mandava embora sem nada. Mudanças pouco aptas, seguramente, a me inculcar a religião, refiro-me à verdadeira.

Aliás, não é dessa maneira que se impõem os preceitos dessa doutrina; doutrina que, no fundo, é mais nociva que útil, já que só produz hipócritas. É o que sempre notei e que noto ainda agora entre aqueles que se dizem CRISTÃOS...)

E isso não somente pela avareza de meu mestre mas também porque, durante os doze meses que passei em sua casa, ele nunca me permitiu, salvo no dia da Madona, ir seja à missa, seja às vésperas.

Isso me prova uma coisa — pela qual, de resto, não o julgo errado —, isto é, suas vacas deviam interessá-lo um pouco mais que a minha alma... ainda que, no dizer de algum douto, ela tenha um alto valor, imensamente alto. Ora, esses ruminantes precisavam ser conduzidos para pastar todos os dias e, convenhamos, devia lhe importar muito pouco se era a hora do *sursum corda*[31] ou das ladainhas; elas pastavam assim mesmo — e eu as olhava.

Confesso que fazia meu dever de pastagem infinitamente melhor que meu mestre, pois proibia severamente a suas vacas de irem pastar onde não tinham nenhum direito; e se minha bondade não conseguia fa-

31. Expressão latina relativa ao início do ritual de uma missa (nota da preparação).

zer respeitar minha autoridade, não deixava de lembrá-las da ordem com meu bastão de salgueiro. Acredito que, pequeno que era, devia ser, ao menos para elas, um *incômodo*, um estorvo.

O inverno seguinte foi para mim muito difícil, pois o cego tinha se mudado e ido morar em um vilarejo muito afastado, Varsi. A família dos Nicasi aumentava com uma rapidez de fazer inveja aos reis — direi mais tarde seu número.

O que deveria fazer Nicasi dessa criança que tinha tanto apetite?

Meu **irmão** tinha tentado me levar com ele em suas viagens mas, após uma tentativa, ele não queria mais passar pela vergonha que eu lhe causava.

Com efeito, ele não tinha a vergonha, esse aborto, de dizer aos burgueses de lá que eu era um dos numerosos filhos de uma pobre viúva e que era para aliviar a pobreza dela que consentia em me levar com ele nas montanhas! Mas eu, eu o interrompia dizendo aos burgueses que ele mentia, que tinha morado antes na casa dos Monici em Parma e no orfanato daquela cidade, que era seu pai que tinha me tirado desse lugar. Por mais que tentasse, esse mísero esposo, ameaçando-me abandonar em algum desfiladeiro se eu repetisse coisas parecidas, eu nunca deixava de dizer aos burgueses a verdade.

Então, após essa viagem — viagem que tinha durado uns vinte dias —, durante a qual só vendêramos, no entanto, algumas caixas de fósforos, nós chegamos na casa dos Nicasi carregados os dois de cascas de pão suficientes para fazer miga durante uma semana — não viajei mais com o filho de Nicasi.

Este último não deixou de aproveitar essa ocasião para me alertar de que, já que eu ousara dizer aos burgueses do alto que não era filho de uma viúva, devia me arrumar desde então para viver sozinho: "Há alguns menores como você que se sustentam", ele concluiu.

Passei, então, o inverno do ano de 1885 indo diariamente às famílias do vilarejo pedir que me dessem algumas tarefas com que pudesse, em troca, receber comida.

Encontrei algumas que me ocuparam, seja para ir pegar galhos de madeira nas florestas, seja para levar grãos ao moinho etc.

Porém, com mais freqüência, recebia a comida de graça. Aquele que me dava mais serviço era um certo doutor Antonio, filho mais velho de uma rica família. Ele me empregava para levar sua bolsa quando ia à caça; recebia por esse serviço um pedaço de pão.

Quantas vezes, durante esse inverno, não ouvi os aldeões dizerem: "Que necessidade tinha esse Nicasi de ir tirar essa pobre criança do orfanato?! E o que fizeram, aqueles que o administram, em confiá-lo a ele?". E outras observações desse gênero.

Devo confessar que, durante esse inverno, assaltou-me, várias vezes, a tentação de ir roubar dinheiro da irmã do pároco — coisa que teria podido fazer facilmente — mas eram tentações que descartava rápido.

É preciso que repita aqui uma coisa já dita antes, a saber: o dever do prefeito da comuna (nessa época era um certo Giuseppe Mantovani, o dono do moinho, que era prefeito de Varano) não teria sido de me devolver ao orfanato?

Perguntei-me várias vezes o que os Nicasi teriam feito de mim se, por acaso, eu ficasse doente!

A propósito, é preciso que conte um pequeno fato que me aconteceu alguns meses depois que cheguei a esse vilarejo e que me colocou em perigo de morte (Oxalá tivesse morrido!). Tinha adquirido — culpa do apetite —, nessa época, o hábito de comer crus todos os champignons que encontrasse nas florestas quando ia fazer as operações que já se conhece.

Um dia, após ter comido uma grande quantidade de diferentes espécies, senti dores atrozes que me forçaram a contorcer-me como se fosse uma cobra.

Uma hora depois tinha desmaiado; não sei quanto durou meu desmaio; o que sei é que, desde esse dia, a simples visão de champignons — que estejam eles preparados à real, à imperial ou à sultão — é suficiente para me dar vontade de vomitar.

Enfim, um pouco por tê-la ganhado com meu trabalho, um pouco por tê-la recebido de graça, encontrei comida suficiente para passar esse inverno que foi, para mim, memorável.

No dia 25 de março (*chama-se a esse dia o dia da Madona dos servos. É, com efeito, quando os fazendeiros renovam ou pegam em suas casas os meninos e as domésticas de campo. Falo aqui da província de Parma somente, já que ignoro se acontece o mesmo no resto da Itália*),

Nicasi me apresentou a um homem que eu não conhecia. Esse homem devia se tornar meu patrão durante os dois anos seguintes.

Esse desconhecido, após ter-me passado em revista e ter-me feito correr como um escravo de antigamente (convenhamos, considero que minha condição era infinitamente pior que a de um escravo de qualquer país e de qualquer época), fez com meu burguês o contrato para me ter a seu serviço.

Ei-lo: eu devia ficar na casa dele o ano todo; eu recebia por isso comida, dois trajes de fustão, duas camisas, um par de sapatos — quando necessário, um conserto de meias-solas —, um chapéu e quinze francos em dinheiro. No segundo ano, foi o mesmo contrato, salvo que Nicasi, em vez de receber quinze francos, recebeu vinte e cinco, pois era ele que recebia meu salário.

Fiquei muito surpreso de que meu burguês não tivesse me avisado que ia me colocar, no dia 25 de março, de serviço como menino de fazenda.

E, com efeito, não foi senão quando me vi objeto dessa inspeção que Nicasi me colocou a par desse acerto.

Não é preciso dizer que não fiz nenhuma objeção. Ao contrário, estava feliz em deixar esse vilarejo e ir morar na casa desse novo patrão que acabava de fazer um contrato no qual eu devia gozar de coisas tão boas. Parti, então, com o desconhecido, no estado em que me encontrava, naquele mesmo momento, como se eu tivesse ido fazer algum pequeno serviço e, entretanto, ia me afastar por dois anos — poderia dizer para sempre — desse vilarejo.

Não levei nada comigo, e o que teria levado senão os parasitas que pululavam em meus trapos?

Foi precisamente no mês de abril seguinte, ou seja, um mês após ter me colocado a seu serviço, que concluí meu décimo segundo ano, quando então o infame Nicasi foi ao orfanato receber o bônus de cem francos, bônus que ele não merecia mas que obteve.

Ah! Se o diretor do orfanato tivesse obedecido ao regulamento!

Regulamento que, como já disse, ditava-lhe levar-me ao orfanato no dia 22 desse mês, para ali passar por um exame — como poderia me impedir de contar ao diretor a vida que tinha passado durante esses três últimos anos?

Ele teria ousado, depois disso, não digo somente conceder o bônus a Nicasi mas também me deixar ainda nas mãos do miserável?

Por outro lado, o que ele teria dito se esse infame, que ousava vir lhe pedir o bônus, não tivesse mais a criança que lhe tinham confiado?

Diretor indigno, o senhor vê, agora, o que produziu sua negligência?

Como o senhor teve a audácia, no dia em que **tomou conhecimento de que o regicida tinha sido seu pensionista, de se apressar em informar ao prefeito de Parma que tinha confiado a criança, futuro assassino, a uma "família honrosa"?!**

Pois estão aqui suas próprias palavras; palavras que li na carta escrita a seu superior e que encontrei em meu dossiê.

Arrependa-se então Vighy (este é o nome do diretor; diretor que dirigia ainda o orfanato na época em que cometi meu crime), pois saiba que se o seu ex-pensionista foi condenado a acabar sua vida em uma prisão, foi sua negligência, em grande parte, a causa.

Meu novo patrão morava em Rubiano, pequeno vilarejo afastado seis quilômetros de Varano, e situado na extremidade do vale que separa o Taro e o Ceno.

Eu já tinha conduzido o cego no inverno anterior a esse vilarejo, e não duvido tenha sido essa viagem que fornecera a oportunidade a meu patrão de me ver e se informar sobre quem eu era e sobre se ele podia me ter ao seu serviço.

Pois é raro que famílias, por mais pobres que sejam, coloquem seus filhos a serviço na casa de meeiros, porque é condená-los a uma vida árdua, principalmente no inverno quando devem passar todos os dias levando as ovelhas e as cabras para pastar.

Era precisamente um meeiro que me conduzia naquele momento para sua casa. Ele se chamava Angelo Savi; sua família se compunha de quatorze membros, todos pessoas importantes.

Foi para que eu levasse pastar o rebanho de ovelhas que ele me tinha em sua casa. Esse rebanho se compunha, no inverno, de trinta ou quarenta ovelhas; e, no verão, vinham se juntar sete ou oito cabeças de gado maior. Pois era uma grande fazenda arrendada que essa numerosa família cultivava — fazenda que, com uma quinzena de outras, pertencia à senhora Bonassi, uma das mais ricas proprietárias da província, mas sem título nobiliárquico, o que, no fundo, tem pouca importância.

A primeira coisa que fez meu patrão quando chegamos em sua casa, foi me levar diante a um grande armário cheio de pão, autorizando-me a, sempre que quisesse, e sem pedir a ninguém, vir ao armário e servir-me.

Essa família me permitia também fazer minhas refeições na mesma mesa que ela — digo isso para vergonha do cura e seus colegas, e de todos aqueles que os imitam — não nos dois primeiros dias entretanto, pois, no estado em que chegara nessa casa, seria impossível aos meus patrões, apesar de toda boa vontade, fazer-me sentar nos mesmos bancos que eles.

Mas a senhora da casa não demorou muito a colocar ordem nas coisas, manifestando desgostosa surpresa, é verdade. Ainda que nessa família eu devesse, também, dormir todo vestido em uma manjedoura da estrebaria, ELES (piolhos) não deviam mais ter tempo de fazer de mim seu pasto — ao menos não como antigamente, não de forma sistemática, pois a patroa tinha o cuidado de me fazer trocar de camisa todos os domingos de manhã e de mandar lavar e remendar minhas roupas por suas filhas.

Minha situação melhorou e, assim, eu fazia o melhor que podia para lhes servir. E, com efeito, meus patrões estavam muito satisfeitos com os serviços que lhes prestava pois me felicitavam, com freqüência, dizendo que nunca tinham tido a seu serviço um garoto tão ativo e inteligente como eu.

Nas festas de Natal, o costume estabelece que os patrões dêem três dias de repouso a seus servos para lhes permitir ir passar as festas com suas famílias.

Sabendo que era na casa dos Nicasi que deveria ir, não tinha nenhuma vontade de ter meus dias de repouso; em conseqüência, se dependesse só de mim, teria preferido passar o Natal na casa de meus patrões. Mas não devia ser assim. Pois esse costume diz também que os patrões devem dar de presente a seus servos cinco quilos de farinha branca, três buchas de pão da mesma cor, uma grande garrafa de vinho contendo três litros, e um pedaço de carne, se são patrões que matam porcos, o que é muito raro. Foram essas coisas que estragaram minhas férias. Com efeito, na tarde do dia anterior à véspera de Natal, vi chegar na casa de meus patrões meu burguês que vinha pegar, com **grande solicitude, seu querido filho** para levá-lo passar as festas **em família.** Tive, então, que ir.

Fiquei dois anos na casa dos Savi; nunca Nicasi vinha me ver, salvo nos dois Natais, mas foi mais para poder levar para sua casa os presentes do que por amor à minha pessoa.

Voltando para a casa de meus patrões, após ter passado o segundo Natal na casa dos Nicasi, teria dito a estes últimos, ao deixar o casebre **deles**, meu adeus, pois não iria mais revê-los.

Nicasi tinha me pedido para avisar meus patrões que ele iria à casa deles alguns dias antes de **25** de março para acertar o aumento de **meu** salário que eles deviam conceder se quisessem que meu **papai** me mantivesse ainda a serviço deles.

Mas, como veremos, ele se enganava enormemente, meu burguês. Com efeito, fazia dois ou três dias que não passava um dia sem que eu meditasse sobre o projeto que queria muito executar, projeto que consistia em fugir desses vales e ir para qualquer outro lugar.

Pois começava a compreender o que Nicasi era para mim. Acabava de começar a entender que esse miserável, a quem eu dava o doce nome de **pai**, estava longe de agir comigo como tal.

Tinha feito meus doze anos fazia muito tempo e o infame não me tinha perguntado qual ofício eu desejava aprender — pois eu era bem tolo para nutrir ainda essa esperança, esperança que Monici me tinha inculcado.

De todos os míseros salários que ganhava com tanto esforço, o miserável não me deixava nunca a consolação de gozar de um centavo de ganho.

Lembrava-me da triste vida que tinha passado na sua casa; repetia para mim mesmo a conversa que tivera comigo seu filho na volta da viagem às montanhas.

Eu não tinha razão de me queixar desse Nicasi e colocar um termo em sua opressão?

Não mais revê-lo, nem a ele, nem ao vilarejo que o abrigava — vilarejo cujo sino eclesiástico eu podia ver quando subia ao alto da colina. Esse era o projeto em que meditava desde o Natal. Comecei a executá-lo ao prevenir meus patrões de que, no dia 25 de março seguinte, deixaria meu lugar vago porque **meu pai me tinha dito que deveria voltar para casa.**

Então, oito dias antes de acabar o segundo ano de serviço que devia aos Savi, temendo a chegada de Nicasi, de um dia para outro, enquanto me encontrasse na casa de meus patrões, fugi desse vilarejo com a intenção de ir diretamente para Gênova.

Não ignorava, com efeito, que a larga estrada que passava perto de Rubiano, mas do outro lado do rio Taro, levava a Gênova, pois tinha, freqüentemente, lido essa indicação à beira dessa estrada.

A palavra Gênova, de resto, era muito familiar em todos os vilarejos desse vale, já que se viam cartazes em todos os cantos, cartazes trazidos ali por agentes de emigração, convidando os habitantes a emigrar para a América do Sul, embarcando assim em Gênova, em tal ou tal vapor de tal ou tal companhia.

Parti, então, levando comigo toda minha fortuna, ou seja, os pobres trajes que tinha comigo, mas que eram duplos ou triplos em alguns lugares de meu corpo, pois tinha vestido tudo o que possuía. Tinha tido também o cuidado, à noite, antes de partir, de encher todos os meus bolsos com pão. Foi armado dessa maneira, com treze anos e onze meses, que comecei a aventura de correr o mundo.

Onde ela me conduziria?

Chegando nesse ponto de minha narrativa — ponto que vai, em breve, colocar fim a minhas lembranças de infância —, gostaria de convidá-lo, leitor, antes de começar a ler minhas lembranças de juventude, a parar a leitura, refletindo um instante sobre o que tu leste até aqui.

Se o fizeres, não temo que tua consciência te haja convencido de uma coisa, a saber: que a sociedade, que se gabava de ser (e ela deveria ser, segundo as leis) a protetora de minha infância, cometeu grandes erros comigo. Estou, ainda, persuadido de que durante a leitura das lembranças de minha infância não terás deixado de perguntar, com freqüência, se é, de fato, sincero o que descrevo. Isso significaria então que a achaste um pouco extraordinária, não é?

Nesse caso, saiba que fico muito contente com teu julgamento, já que ele é justo e mereces por isso minhas sinceras felicitações — pois é preciso que te diga que foi precisamente o extraordinário dessa infância que deu ao meu espírito a idéia de descrevê-la. Como teria ousado contá-la se não tivesse tido nada de extraordinário?

Claro, não será além dos Alpes que se poderão encontrar infâncias semelhantes, e acredito que esta seja a razão de teres dificuldade em me acreditar. Que posso fazer? Tens dúvidas, não? Pois bem! Precisas te assegurar de que tuas dúvidas são infundadas? Nesse caso, aconselho-te a ir a Varano de Melegari, informar-te junto àqueles que ali viviam há vinte e cinco anos — na casa do pároco, entre outros — e lhes perguntar se eles se lembram ainda dessa criança que, naquela época, conduzia um mendigo cego; dessa criança de quem eles proibiam aos seus de se aproximar.

Apesar de suas falsas teorias, aproveito, com prazer, da ocasião que encontro aqui para agradecer sinceramente ao senhor Lombroso.

No dia de meu processo, meu advogado leu na *Revue des Revues* um artigo relatando que Nicasi me enviava para mendigar. Esse artigo era assinado pelo senhor professor Cesare Lombroso.

Ele teve, logo, a bondade de tomar, nessa cidade, informações sobre mim e dizer uma verdade que podia bem diminuir a sustentação de suas teorias. Testemunho-lhe, aqui, meu sincero reconhecimento e isso também porque ele foi a única pessoa que ousou dizer alguma coisa em meu favor, e de dizê-lo em uma revista estrangeira, o que não é honroso para o próprio país.

Não duvido que, se tivesse ficado a par da negligência que tinham cometido comigo da parte da direção do orfanato, ele não teria deixado, também, de torná-la pública.

Acho útil resumir o que foi essa infância pois desejo muito que não a esqueças; já que não gostaria, mais tarde, que cometesses, leitor, o erro de não ter sabido aproveitar lições que todas as crianças recebem.

Lestes que essa criança, desde a sua saída do orfanato, só experimentou uma seqüência de misérias umas piores que as outras, e que essa criança não pôde satisfazer a necessidade que tinha de amar. Quem teria aceitado seu amor?

Que ela foi privada dos prazeres e das alegrias mais comuns, das quais todas as crianças gozam; que, durante esse tempo, ela não gozou de nenhuma amizade, de nenhuma camaradagem, de nenhuma sociedade de amigos de sua idade. Que foi também privada de educação, de conselhos, de consolação e de simpatia; todas coisas indispensáveis, parece-me, para preparar dignamente uma criança destinada a passar a vida de homem em contato com outros homens e tendo os mesmos deveres a executar.

Apesar disso, viste com que resignação ela suportou a sorte medonha que lhe destinaram, com que vontade ela cumpriu os serviços desprezíveis e os penosos trabalhos que lhe impunham.

Em resumo: agora, não podes deixar de dizer que essa criança era, de fato, uma criança comportada, boa e submissa; que nada nela permitia supor que se tornaria, mais tarde, uma criminosa. Pois ela recebeu da Natureza, como todos os homens, boas qualidades, não é?

Mas como essas qualidades poderiam ter sido mantidas intactas na situação tão terrível (*situação infinitamente inferior àquela da qual ele teria gozado em estado de natureza ou de pária. Quem, então, se apropriou do que lhe pertencia por direito?... Ela não tinha feito contrato com ninguém...*) em que lhe tinha colocado aquele que as possuía, salvo, bem entendido, se ele tivesse sido desprovido da faculdade intelectual? Não é então a ela, e ainda menos à Natureza, que se deve imputar a alteração que essas qualidades sofreram desde então.

Espero, então, que concordes comigo, em dizer que é, sim, a sociedade a culpada; diga-lhe, então, que fique ruborizada — pois ela não tem vergonha de punir sua obra!...

Ainda algumas palavras sobre a família dos Nicasi e a situação em que a deixei no momento em que a vi pela última vez.

Dois anos após seu casamento, a filha de Nicasi teve a infelicidade de ficar viúva com dois filhos. Sua condição não podia lhe permitir criá-los; que devia fazer de seus dois filhos? Se os Nicasi gostavam tanto de ter criancinhas em sua casa, por que não pegar os da filha, visto que sua idéia era de levá-los ao orfanato?

É que, tendo na casa deles essas duas crianças, os velhos Nicasi sabiam que não haveria nenhuma soma mensal a ganhar. Eis por que, alguns dias após a morte de seu marido, a filha de Nicasi levou os dois filhos ao orfanato. (Costelletti era o nome do pai; e foi com esse nome que o orfanato registrou as duas crianças.)

Que tenham tido a sorte de ali ficar até o fim de seus dezoito anos, é o desejo que tenho feito sempre para esses pobres órfãos.

Ao filho, o vendedor de fósforos, quatro anos depois de seu casamento, já lhe tinham nascido quatro filhas.

Ora, se desejássemos contar todos os membros da família que viviam nesse casebre, parece que deviam ser oito, a saber: os velhos Nicasi, seu filho, sua esposa, e suas quatro filhas. Mas eles não eram oito, eram nove. Quem era o outro? A filha dos Nicasi? Não. Era o alfaiate? Não. Era eu? Não. Mas, então, quem era esse nono?

Acredito que a imaginação dos romancistas — digo os romancistas que tomam por tarefa colocar **às claras** o obscuro do estado social — é uma pura mesquinharia se a comparamos à realidade.

Não quero nada dizer de suas criações pueris quando eles tentam **emocionar** o público falando de crianças abandonadas; já que todo mundo sabe que a imaginação deles, escrevendo sobre esses temas, só consegue criar infantilidades. Eles não têm o cuidado, com efeito, de conduzir todas as suas crianças aos braços de seus pais, e pais pertencendo, em geral, à classe abastada?

Sei de uma coisa: o leitor que lê esses romances deve ter inveja do fim que seus autores dão às crianças abandonadas. Por conseqüência, se a finalidade desses autores é chamar a atenção do leitor para os deserdados, eles se enganam muito. Em contrapartida, se têm cuidado em levar seus bastardos ao cadafalso ou à prisão de forçados, ali, ao menos, um pouco mais de realidade — parece-me, nesse caso, que a imaginação deles teria maior utilidade.

Mas trata-se aqui de adivinhar quem é o nono membro da família Nicasi e não de criticar os romances. Ora, tenho medo, leitor, se não te ajudar, de fazer-te procurar inutilmente a resposta justa.

Não acredite, entretanto, que te acuse de pouca perspicácia, pois sei que conheces, agora, a família dos Nicasi e o fim que tiveram os filhos da viúva; além disso, sei que tens a felicidade de morar em um país em que coisas parecidas não poderiam se reproduzir. Não acredite, entretanto, que seja uma mentira o que te vou dizer.

Então, ali, sentado em cima de um monte de trapo, vi, em desordem com as quatro filhas, uma criança coberta de sarna; essa criança tinha três anos; essa criança pertencia... ao orfanato de Parma (*sic*).

Eis como esse infeliz se tornara membro dessa miserável família: essa criança tinha sido tirada do orfanato quando tinha ainda apenas dois meses. Era uma mulher do vilarejo que, tendo perdido seu recém-nascido e se encontrando, conseqüentemente, com leite e também por indigência, tinha tirado essa criança para amamentar. Sua intenção era a de devolvê-la ao orfanato já que ela tinha seus dois anos completos.

Mas a velha Nicasi, que era muito amiga dessa mulher, tinha conseguido ficar com a criança fazendo com sua amiga este contrato:

"Você sabe, agora que a criança tem dois anos, o orfanato paga dez francos por mês até o fim de seu terceiro ano; confie-me a criança por apenas esses doze meses e, no lugar de dez francos por mês, contentar-me-ei com oito; os dois outros serão para você".

(Ignoro se no fim do terceiro ano a criança foi devolvida ao orfanato, ou se os Nicasi a conservaram em sua casa para **criá-la**.)

A mulher passou a criança a Nicasi, e eis por que eles eram nove em vez de oito.

Alma do grande Vicente,[32] curve-se e receba os estigmas em punição da desobediência que tu, coração generoso, tu cometeste contra aquele a que chamavas mestre. Não tinha ordenado para deixar ir a ele as criancinhas? Por que, então, tu as impediste? Não viste, durante tua própria

32. Vicente de Paula (1581-1660), padre que criara na França instituições mantenedoras de crianças abandonadas (*Enfants Trouvés*), onde Lucheni teria crescido não o houvesse a mesma instituição enviado ao orfanato de Parma (nota da preparação).

existência, a que começavam a destiná-las? Elas já tinham crescido, é por isso que tu não as reconheceste quando as visitaste nas prisões!...[33]

Permitai, então, o infanticídio dos bastardos, se queres, ó sociedade, tornar-vos mais digna para celebrar os falsos deuses que criastes. Vossos magistrados não poderiam fazer fortuna de outra maneira?...

Fim da primeira parte.

33. Ainda referindo-se às ações caritativas de Vicente de Paula, que costumava visitar detentos nas galeras (nota da preparação).

ENTREMENTES, O ANO DE 1908...

Em 1º de janeiro de 1908, Lucheni se encontrava ainda, sem dúvida, em pleno trabalho de redação de suas *Memórias*. Há mais de cinco anos levava na prisão uma existência sem história, absorto pela leitura e, desde há muito, pela prodigiosa aventura interior de colocar às claras suas lembranças.

O senhor Alexandre Perrin, que tinha ocupado durante treze anos o posto de diretor, havia sido substituído pelo senhor Jean Fernex. Nomeação insólita que, por assim dizer, frustrou vários candidatos com incontestáveis direitos a essa fundação. Com efeito, o senhor Fernex era apenas um escrevente, mero subordinado do escrivão diretor dos juízes de instrução. Alguns poderão até afirmar que essa nomeação veio precisamente no momento em que novas pressões estrangeiras, cada vez mais fortes, teriam feito o executivo de Berna endurecer o jogo. O historiador positivista Youssouf Fehmi chega a sugerir que as autoridades federais teriam, simplesmente, tomado a decisão "de acabar" com esse prisioneiro.

O fato é que o senhor Fernex se mostrou, desde logo, muito mais enérgico do que seu predecessor, tomando, notadamente, novas disposições visando fazer valer tanto sua autoridade como a de seus empregados:

"29 de janeiro de 1908 — Considero essencial, e o vigiarei de modo constante, que as relações de empregados com detentos sejam as de *superiores para inferiores*." (Essas duas palavras estavam sublinhadas no texto.)

Alguns dias após sua chegada à prisão da diocese, ele adentrou com quatro policiais a cela de Lucheni (Y. Fehmi): "Sou o substituto do senhor Alexandre Perrin. Não tenho nem a paciência nem a sensibilidade dele. Ate aqui você foi mimado. Foi tratado com indulgência. Esse período acabou. Estou encarregado de corrigi-lo, boa noite!". O terrível detento se contentou em chorar. Vale notar que quando Fernex morreu, em 1937, todos os seus obituários concordavam em apresentá-lo como um sujeito bem ríspido.

Um outro acontecimento iria marcar esse ano de 1908: uma solicitação do carcereiro-chefe, Victor Depierraz, em nome de todos os empregados do estabelecimento, provocaria conseqüências deploráveis ao ambiente interno da penitenciária:

"... Senhor diretor, venho, em nome dos empregados da prisão, pedir-lhe a bondade de dar-nos autorização para que possamos comprar um tonel de vinho tinto e introduzi-lo na casa para dividi-lo entre nós. O senhor compreenderá, senhor diretor, que com o serviço que temos, não podemos nos abster de tomar vinho..."

A autorização do diretor foi deferida pelo Departamento de Justiça e Polícia e essa famosa barrica de vinho, discretamente, foi cedida aos que a reclamavam com tanto empenho. Ainda que o consumo de vinho tenha sempre feito parte do cotidiano tanto dos funcionários como dos detentos, ele fora até então limitado e dosado conscienciosamente, conforme atestam os registros da prisão. Foi assim, a despeito dos regulamentos redigidos inicialmente "a seco" pela Administração, que esses guarda-prisioneiros iriam, doravante, ultrapassar os poderes e que Lucheni se tornaria o alvo privilegiado.

O pastor Roehrich, capelão das prisões de Genebra e capelão de Lucheni durante alguns anos, dará a palavra, em 1911, a antigos detentos em uma obra intitulada *Uma Visita às Prisões, do Ponto de Vista da Educação dos Detentos*. O pastor Roehrich exalta no seu livro o valor redentor de toda penitenciária bem dirigida. Entretanto, enfatiza também, por meio de testemunhos de prisioneiros, as repetidas faltas dos funcionários:

"Antes de elevar a moral dos detentos, afirma um deles, é preciso elevar a dos empregados, que nem sempre são a nata da sociedade. Bebedeira, falsos relatórios, maldade e despotismo são suas mais belas qualidades. Que idéias de justiça e de retidão inculcar em detentos que vêem essas coisas durante anos? O exemplo é contagioso...".

"Davam lições de moral aos detentos enquanto os empregados introduziam vinho e absinto na casa, fornecendo esses produtos até para os detentos encarregados do serviço de limpeza na ala. Vi, com meus olhos, um garrafão de absinto escondido em um depósito de carvão! Vi, também, mais de um empregado bêbado... Um deles ia, desse modo, de cela em cela cantando e fazendo macaquices, tratando familiarmente os detentos e divertindo-os. Esse foi o famoso guarda que me fez sofrer tanto durante quatro anos. Ele me injuriava várias vezes e quis me bater em vários momentos...", comenta um outro.

"Será surpreendente que o detento se revolte contra esses carcereiros?; eu acho tudo isso natural, pois para suportá-los é preciso ser um anjo ou não ter sangue nas veias... Mais se usa a força bruta, mais se excita o indivíduo", testemunha um terceiro.

E o pastor Roehrich conclui: "O guarda não pode, então, estar à altura de suas funções se é tirado bruscamente de sua posição anterior que, com freqüência, é bastante inferior, e colocado, sem ser preparado, junto aos detentos. Por que não existe uma escola para vigias e guardas de prisão?"

Início de 1909 — Lucheni termina o relato de suas lembranças de infância nas 200 páginas dos cinco cadernos fornecidos pelo arquivo da prisão. Seu testemunho vai poder, desse modo, ser mostrado ao mundo! Longe de pedir desculpas, ele assumiu serenamente seu ato, a fim de desmontar pacientemente os mecanismos de sua própria "alteração", fazendo justiça à criança infeliz que nunca deixara de ser! Ele demonstrou que todas as interpelações e conclusões expressas durante o processo estavam erradas. E sustentou que o amor desprezado explica sua deriva ulterior.

Os oito anos sem punições que passara na prisão da diocese só haviam sido perturbados pela substituição da Direção. Ele decide, então, continuar suas *Memórias*, sob o título: "Minhas Lembranças de Juventude".

15 DE MARÇO DE 1909: "ESCÂNDALO DE LUCHENI"

É então que desaparecem "misteriosamente" os cinco cadernos, assim como o almanaque de 1901. Após tantos anos de cárcere, durante os quais, vimos, nenhuma observação ou admoestação lhe foram atribuídas nos registros, Lucheni não se sente mais capaz de ceder à cólera, mesmo que seja justificada.

E no entanto, subitamente, ele parece estar completamente desesperado. Nessa prisão, à sombra do saber que soube fazer frutificar pela reflexão, ele tinha acabado por conseguir reencontrar-se. Os alimentos do espírito agiram nele como um bálsamo. Sem piedade por si mesmo, vasculhou a própria memória, até nas sarjetas do mais escuro ressentimento. Mas seus escritos exprimiam também um vislumbre, o do perdão e do amor inventados e dirigidos a uma mãe impossível. Para chegar aonde? No limite, veremos, do encontro último, face consigo mesmo, com seus carcereiros e a morte. Ele se desespera, sem dúvida, diante da idéia de se ver privado daquilo que vinha dando um sentido à sua vida: a dignidade reencontrada após ter caído a máscara em uma emocionante confissão, a esperança de ser lido, também, quem sabe, por sua mãe...

Ele começa, então, a vociferar, em nome da idéia da Justiça que, agora, concebe.

O diretor ordena que os livros de sua cela sejam retirados (a fim, sem dúvida, de que sejam encontrados os famosos cadernos). Durante essa operação, Lucheni é conduzido ao posto da ala B. Mas está, nesse momento, em um estado de tal excitação que quebra três janelas. Não encontram nada em sua cela, mas em compensação inflingem-lhe *6 dias de masmorra seguidos de 30 dias de isolamento em cela por insubordinação constante e grosserias*. E o regime de masmorra: pão e água, depois "marmita" até 18 de março. Esta é uma cela de rigor: todas as concessões são retiradas; além disso, a cama é presa à parede por meio de uma corrente com cadeado de modo que ele não possa nela se deitar antes da hora prescrita.

A saída da masmorra está prevista para sábado, dia 20 de março, na presença do senhor Alfred de Meuron: trata-se, aqui, de um outro sobrevivente do "egoísmo burguês", amigo de Ernest Favre. Sedento, ele também, de justiça, toda iniqüidade o revolta. Ele sabe discernir em cada pessoa "o centro vital", ainda que encoberto, seja de escória ou de lama. Ele se diz "pescador de homens"! Ocupa-se dos desprezados, dos candidatos à miséria, ao crime e à prisão. Deputado no Grande Conselho (parlamento de Genebra), ele toma ali, com freqüência, o Cristo como testemunha, a ponto de na sala comover-se, expressando então "exclamações grandiosamente elevadas"!

Se o "ferrabrás das injustiças" está presente, nesse 20 de março de 1909, é porque foi, de alguma forma, alertado. Mas qualquer que seja o mérito de sua negociação, ele não publicará nada a respeito desse fato. O diretor Fernex vai, de fato, fazer de tudo — como veremos — para abafar as verdadeiras razões desse "escândalo".

Ora, Lucheni não pára de reclamar seus direitos, a tal ponto que Fernex se vê obrigado a relatar em suas notas diárias, em 3 de maio de 1909:

"LUCHENI SE QUEIXA DE QUE QUATRO OU CINCO CADERNOS EXTRAVIARAM-SE DURANTE SUA PUNIÇÃO. O GUARDA LÉE E O CARCEREIRO-CHEFE DEPIERRAZ DECLARAM NÃO TEREM VISTO ESSES CADERNOS. INSISTO. ESSES CADERNOS NÃO FORAM ENCONTRADOS. TERIAM SIDO QUEIMADOS COM DESTROÇOS?".

Se isso ocorreu, o regulamento teria sido violado pelos funcionários: "É formalmente proibido arrancar folhas dos cadernos *ou destruí-los*". O senhor Fernex, homem de princípios e tão pronto, habitualmente, a punir os funcionários, não toma nenhuma medida em relação a esse incidente e o considera, rapidamente, encerrado. Concordar com um Lucheni, qualquer que seja a circunstância, não faz parte, nem um pouco, de seus objetivos.

A partir desse dia, um clima deletério se instala na prisão, com desconfianças generalizadas e recíprocas e, em particular, do diretor. A 17 de maio, o diretor tem que suportar até mesmo o mau humor e as fortes reprimendas da senhora Ramel, zeladora da prisão. Cheio de amargura, ele anota em seu registro, nessa mesma data:

"Ontem à noite, domingo, os empregados escutaram a cena ignóbil que me fez a senhora Ramel, após um pedido que lhe tinha feito para fechar as portas com cuidado. Devo, aqui, reprovar sua conduta, esperando que os empregados não compartilhem a opinião que têm de mim o senhor e a senhora Ramel, que me asseguraram que sou, para os empregados, o pior dos diretores!".

Quanto a Lucheni, ele não desiste, gritando a plenos pulmões sua injustiça, de modo que no dia 18 de maio, de manhã, Fernex rabisca em seu registro, com a mais aparente má-fé: "Está provado e arquiprovado que Lucheni não pode viver em comunidade; para ele tudo é injustiça. Essa manhã, ele insultou outra vez o abaixo-assinado, SEM QUE SE PUDESSE DIZER QUE ELE TENHA UM MOTIVO PARA TAL EXASPERAÇÃO!".

Doravante, o prisioneiro ficará na cela. Dela serão retirados a faca e o garfo, pois é preciso evitar qualquer tentativa de suicídio (o regulamento sendo explícito em relação a esse tema). Seus livros e sua cama serão deixados. Durante seis semanas e até 30 de junho, ele não receberá nem vinho, nem novos livros; os *Anais* só lhe serão lidos. Ele não fará passeios e será conduzido ao banho quando não houver ninguém na ala. "Tomar rígidas precauções", especifica o senhor Fernex.

No mesmo dia 18 de maio às 13h30: "Após Lucheni ter quebrado tudo em sua cela, a punição imposta essa manhã está modificada: ficará sujeito a seis dias de masmorra a pão e água, seguidos de um mês de cela de rigor".

24 de maio: "Lucheni está informado de que se ele continuar a gritar, não sairá mais".

25 de maio, 13h30: "Lucheni sai da masmorra para ser colocado na 35, cela de rigor".

Assim, ao sair da masmorra, é para essa cela que vai ser conduzido. Mas ele se recusa a aceitá-lo. Fernex tem que intervir. É, finalmente, levado pelos guardas enquanto o diretor acompanha a transferência a partir do térreo. Fora de si, Lucheni escapa de seus carcereiros quando chegam ao primeiro andar, sobre o pátio, e se joga da galeria (que ainda não fora dotada de grades), de uma altura de aproximadamente quatro metros! Ele cai sobre seus calcanhares e, como resultado, tem uma entorse maleolar. Lucheni teria caído bem em cima do diretor se este não tivesse saltado para o lado. Fora exatamente contra o senhor Fernex que esse ato desesperado tinha sido dirigido! O senhor Fernex, a quem Lucheni acusa, sem dúvida, de ter destruído, roubado ou acobertado o roubo de suas *Memórias*. O doutor Blanchard, médico das prisões, atesta, laconicamente, "uma tentativa de suicídio". Quanto ao diretor, ele decide não esticar muito esse incidente, sob pena de ver o verdadeiro motivo de Lucheni revelado. É, com efeito, interessante constatar que ele, tão habituado aos relatórios circunstanciados, esperará que Lucheni esteja morto para relatar, a seu modo, por meio dos jornais e a pedido de um médico alienista, esse "atentado" contra sua própria pessoa.

Após esse sério incidente, o procurador Navazza obstina-se — sempre contra a opinião de todos — em negar a existência de perturbações no regicida e opõe-se, conseqüentemente, à sua internação no hospício de Bel-Air, ainda mais pelo fato de esse estabelecimento oferecer, na sua opinião, muitas possibilidades de fuga.

Em julho de 1909, após incessantes "insubordinações" de Lucheni, o Departamento de Justiça e Polícia ordena uma nova consulta médica. Os doutores Martin e Blanchard, encarregados dessa missão, vão concluir nos seguintes termos: "Considerar Lucheni como doente; NÃO LEVAR A SÉRIO SUAS AFIRMAÇÕES E SUAS CRÍTICAS". Aqui, também, tudo parece ser conduzido de modo a que a lamentável realidade do desaparecimento das *Memórias*, acobertado tacitamente pela Direção, seja abafada. Medidas são propostas, a fim de tranqüilizar o revoltado: fazê-lo trabalhar na cela em uma tarefa que lhe agrade, mudar, se possível, de guarda... Medidas que, diga-se de passagem, têm por finalidade isolá-lo um pouco mais.

Em um relatório de 16 de julho, o diretor diz claramente: “Sua astúcia, seu orgulho e sua maldade estão sempre presentes, pois, à força de perdoar Lucheni, se torna difícil punir os outros que cometem atos de indisciplina”.

Fernex, a partir de então, recusa categoricamente todos os pedidos de entrevista e exige que eles sejam formulados por escrito.

Crônica de 1910

Depois dos acontecimentos de 1909, o ambiente torna-se cada vez mais pesado na prisão. Desconfiança, inimizades e maledicência dão o ritmo ao cotidiano. Bem inspirados pelo exemplo dado por funcionários com freqüência embriagados, os detentos agem intensamente: no dia 8 de fevereiro, o senhor Lée descobre que as barras da cela ocupada por Collat foram limadas; no dia 4 de março, o Turco bate em Wimmer com uma vassoura e fica dez dias na masmorra. Latout é repreendido com oito dias em cela por ter se recusado a trabalhar.

Em um outro dia, o diretor toma precauções antes de agir em relação ao problema do pão:

"Existem no mundo muitas pessoas que morrem de fome. Há, na prisão da diocese, indivíduos que ali se encontram por má conduta, e há, também, na prisão da diocese, empregados que permitem que esses mesmos indivíduos desperdicem pedaços de pão dos quais pessoas honestas são privadas. Isto é admissível? Não creio. Logo, não quero mais que o pão seja desperdiçado e ordeno que os urinóis sejam examinados a fim de saber se ali, igualmente, não há pão desperdiçado".

Num clima desses, as queixas e as recriminações de Lucheni se multiplicam. Nos dias 22 de março e 9 de julho, ele dirige ao diretor da polícia duas das raras cartas que escreveu desde o início de sua detenção. Essas missivas são muito longas e Lucheni desabafa. Visto que no interior da prisão ninguém leva em conta suas reclamações, ele julga, sem dúvida, necessário tomar por testemunha aquele que, no exterior, supostamente representa a autoridade auxiliar dessa Justiça a qual ele, em vão, aspirou durante toda a vida. Essas duas cartas são de primeira importância, pois elas cobrem um período crucial. A existência delas é atestada por um registro da prisão da diocese.

Ora, o caso é que ambas as cartas desapareceram. A menos que em algum meandro de seus subterrâneos a polícia genebrina conserve ainda esses dois documentos cuja guarda deveria ser dos arquivos do Estado do cantão de Genebra. O que quer que seja, alguns fragmentos nos foram revelados, graças ao relatório do doutor A. Papadaki, em seu artigo intitulado "A alienação mental de um prisioneiro":

"... Sou mais sensível aos sofrimentos morais que físicos... Escrevo, não para mudar de regime, mas para colocá-los a par de uma parte dessas causas que contribuem para me fazer perder o pouco de estima que começavam a me testemunhar, coisa infinitamente mais preciosa para mim, já que ela, sozinha, podia me fornecer a substância sólida para alimentar minhas últimas ilusões...".

Além de não receber resposta a suas cartas, mais ninguém leva Lucheni a sério. Se considerarmos uma das últimas declarações que ele tinha feito em abril de 1901 aos doutores Ladame e Régis e que resume muito bem seu caráter, deve-se temer uma deterioração da situação:

"Meu grande defeito é que levei a um ponto extremo o desprezo, o ódio à Injustiça. Se acredito ter razão, morrerei cinqüenta vezes antes de a ela me submeter...".

Mas ele nunca imaginou que, em conseqüência disso, iria abreviar tanto seus dias:

"Temem que vá me suicidar e, por isso, não me dão nem garfo nem colher. Mas não penso nisso. A vida é breve. 'Fugit irreparabile tempus!'".

O senhor Fernex faz circular o seguinte aviso, em 24 de março: "Os senhores empregados estão avisados mais uma vez que devem ter paciência com Lucheni. Não devem responder nem a suas insolências, nem a suas provocações; acima de tudo, não se deve falar de Lucheni com os outros detentos. De resto, é proibido falar aos detentos de outra coisa além de coisas de serviço. Em contrapartida, deve-se relatar ao diretor todos os atos anormais cometidos por Lucheni e as conversas mantidas por ele".

1º de junho — É dia de festa em Genebra (comemora-se sua entrada na Confederação Suíça), mas o diretor não tem nada para celebrar e decreta: "Lembro que é proibido dar flores aos detentos, ou deixar que eles as roubem!".

De fato, sua consciência está cada vez menos tranqüila, pois talvez tema também ver vir a público o escândalo que, desde março de 1909, não cessa de repercutir; em conseqüência, ordena "reforçar a vigia na oficina do terceiro andar da ala B, pois é preciso que Lucheni não consiga lançar bilhetes ou objetos na rua". E acrescenta ainda "para observar constantemente o que se passa ali" (rua da Fontaine).

Mas ele teme, acima de tudo, por sua própria vida. Em 11 de junho, escreve em seu relatório diário: "Tenho tudo para acreditar que Lucheni está pronto para usar seus talentos contra mim e, como não posso contê-lo, está absolutamente proibido a Lucheni sair da ala B, salvo para a conferência de presos. Os párocos e o médico irão vê-lo na sua cela ou nas entradas da ala B".

Depois, em setembro, chega a festa do Dia da Pátria.[34] O momento, para Fernex, de fazer o balanço de seus dois anos e meio de serviço. Não lhe resta senão se queixar do espírito ruim que reina agora na prisão e do ambiente deplorável que se instalou entre ele e os funcionários.

Lucheni continua a trabalhar sob a vigilância muito estrita de um guarda, na oficina de encadernação da ala B (ele não confecciona mais babuchas). É nesse contexto que ele escreve ao diretor:

"Conhecendo suas justas exigências em matéria de encadernação, e persuadido de que elas estão longe de serem satisfeitas, acredito que é meu dever lhe assinalar os obstáculos que, além de me impedirem de fazer progressos, parecem também querer me privar do pouco conhecimento que tinha adquirido para esse ofício. Isso me causa verdadeiras preocupações, acredite, porque, apesar da conduta ilegal que o senhor tem comigo, meu maior desejo é o de satisfazer suas exigências".

Lucheni tinha, além disso, fixado na parede de sua cela um retrato de Elisabeth da Áustria, imagem recortada de um jornal; mas o diretor o instou, firmemente, a retirá-lo. Como outras fotos se encontravam na mesma parede, o prisioneiro, novamente contrariado, acaba por tirar todas. É sua maneira particular de obedecer, mostrando que ainda é capaz de um ato autônomo.

Morte de Lucheni (19 de outubro de 1910)

14 de outubro de 1910, Lucheni está doente.

No dia 15, Margueron, o contramestre, responde insolentemente ao senhor Fernex e bate-lhe a porta da oficina na cara. O diretor anota:

34. Literalmente: "Festa do Jejum Federal", festa nacional suíça (nota da tradutora).

"Esse tipo de educação dos detentos trará, certamente, bons frutos, pois essa cena aconteceu na frente deles! Senhor Margueron, o Departamento foi notificado de sua atitude, isso é uma advertência!".

Nesse mesmo dia, Lucheni continua indisposto. Mesmo assim, Fernex o obriga a se levantar como os outros e começar a trabalhar. O prisioneiro pede, então, e parece que pela primeira vez, para ver seu advogado que, segundo as leis suíças, também é seu tutor. Notemos que o advogado Pierre Moriaud mora na vizinhança da prisão e nunca mais se interessou, desde o processo, por seu cliente e pupilo. Fernex não dá importância a esse pedido.

No dia 16 de outubro ele volta a suas atividades de encadernação. Lucheni sai de sua cela para pedir provisões. Ele solicita uma ferramenta para fazer entalhes. O contramestre Franki Margueron, que acaba de ter problemas com o diretor, está de mau humor. Ele questiona a utilidade da ferramenta que Lucheni lhe pede. Lucheni se irrita, então, e diz "que aprendeu o ofício com alguém mais competente e que ele, contramestre, não sabe nada para dar ordens a respeito da encadernação". Acrescenta ainda: "O senhor é um bêbado, cheira a álcool!".

O contramestre, humilhado, encaminha um processo verbal ao diretor que examina o caso. Ele acredita que Lucheni não está, de fato, errado mas decide assim mesmo puni-lo com três dias de cela. Ele se mostra, uma vez mais, fiel a seu princípio segundo o qual não deve nunca levar em conta as reclamações de sua besta negra. Entretanto, de um modo irônico, astuto e um pouco cínico, estigmatiza a atitude de Margueron em suas notas diárias:

"Essa manhã, senhor Margueron me informou que Lucheni foi insolente com ele, e isso na frente de todos os detentos. Senhor Margueron é um desses empregados que não podem suportar uma indelicadeza de um alienado como Lucheni. Puni, este último, com alguns dias de cela; é preciso esperar que essa punição seja satisfatória àqueles que querem dirigir essa casa contrariamente às minhas ordens, que nada mais são que as do Departamento".

Lucheni fica, então, retido na cela onde sofre por não poder trabalhar, e sobretudo por estar com a razão. Ele berra: "Só disse a verdade!".

Tomado por um surto que leva a uma descarga brusca, irresistível e susceptível por ter conseqüências dramáticas para ele mesmo como para os outros, começa, então, a destruir tudo na cela. Quebra, primeiro, a janela; depois, arremessa contra ela os móveis; estilhaços caem até na frente da igreja luterana, na praça Bourg-de-Four, onde um grupo considerável se aglomera. Os transeuntes recolhem pedaços de faiança que guardarão como lembrança.

Seis guardas se precipitam, então, para a cela em que Lucheni está e em que pede, ainda uma vez, "para ver seu advogado" (Y. Fehmi). Fernex não entra na questão e ordena o regime de masmorra por três dias. Os seis homens aplicam bastonadas no prisioneiro que está fora de si, depois o empurram a socos e pontapés para a masmorra do subsolo.

A MASMORRA DA DIOCESE

Essa masmorra (cela de punição) é um minúsculo cômodo, estreito e vazio (1,85 m de largura, 3 m de comprimento e 2 m de altura). Está situada quase no nível da rua da Fontaine, de forma que é preciso descer dois andares para alcançar esse subterrâneo. Cinco outras masmorras se alinham com paredes de 1,10 m de espessura. Além de uma porta de ferro, uma outra de madeira fecha a entrada. Nenhum raio de luz nem tampouco qualquer barulho do exterior chegam a quem ali está encarcerado. Como cama, o prisioneiro só tem uma esteira, uma espécie de capacho e uma coberta leve. Sua comida é reduzida a pão e água. "É um verdadeiro túmulo", observa Paul Adam em uma série de artigos consagrados à prisão da diocese, em *Le Journal de Genève*. Essa pena, que não pode em nenhum caso ultrapassar dez dias, é terrível e só se aplica aos condenados mais irredutíveis.

Para que se saiba, a prisão de Saint-Antoine possui, também, uma masmorra, que o diretor Greiler não prescreve nunca mais de um dia a seus prisioneiros, pois estima que tal regime possa perturbar o cérebro dos detentos. Segundo suas palavras, aquele que ali se encontra não deve nunca ser perdido de vista, nem dispor de cinto ou de lençóis. Além disso, o guarda deve ficar atento ao menor barulho para que o prisioneiro não atente contra a própria vida.

Ora, a masmorra de Saint-Antoine, comparada à da diocese, parece apenas um quartinho escuro bem inofensivo. Na diocese, os ratos correm pelas pernas do prisioneiro soltando gritos estridentes. O pedaço de pão que jogam ao prisioneiro é sempre disputado, com voracidade, pelos roedores. Luta cansativa para um condenado como Lucheni, enfraquecido por doze anos de cárcere e que poderia, por isso, esperar que a morte lhe trouxesse a salvação. Talvez seja esse o raciocínio de alguns.

Assim, deixam à sua disposição um cinto de couro cujo comprimento é respeitável e em total infração ao regulamento, aliás muito severo a esse respeito. Vale notar que a minúscula lucarna da masmorra é visível apenas a partir do interior da cela.

A seqüência de fatos pode ser observada apenas por meio dos jornais da época e do relatório do doutor A. Papadaki, docente de medicina legal da Universidade de Genebra. O senhor Fernex não relatou, com efeito, nada por escrito além de: "Lucheni morreu", em suas "Notas do mês de outubro de 1910". Sobre esse assunto temos, de sua parte, apenas o testemunho que dará em 1912 a Y. Fehmi, historiador positivista em visita à prisão da diocese.

Essa revista da imprensa ressalta as contradições e as inverossimilhanças:

"Dia 19 de outubro, às 17 horas — O diretor da polícia central, senhor Perrier, convocou em seu escritório o senhor Fernex para lhe perguntar em que estado de espírito se encontrava Lucheni. Sob a garantia de que este último estava calmo, QUE CANTAVA, ele ordenou que Lucheni fosse tirado da masmorra e colocado na cela comum às 19 horas. Por volta das 17h30, os guardas de serviço o ouviram cantar alegremente. Continuaram sua ronda e voltaram às 18 horas. Às 19 horas, os guardas Becchio e Vannod, que estavam encarregados dessa ronda, constataram que Lucheni tinha se enforcado com uma correia que usava como cinto. Esse cinto estava enganchado na dobradiça da janela, que ele conseguira em parte arrancar." (*La Tribune de Genève*, 20 de outubro de 1910.)

"Lucheni estava calmo e cantava até às 17 horas, hora em que o senhor Fernex o deixou para ir ao escritório do senhor Perrier no Hôtel de Ville onde tinha sido convocado para prestar contas... Lucheni se enforcou entre duas rondas, com uma espessa correia de couro, com largura de 2 cm e comprimento de 75 cm." (*La Suisse*, 20 de outubro de 1910.)

"Ele colocou fim a seus dias arrancando uma grade à qual enganchou uma espécie de correia." (*Le Journal de Genève*, 20 de outubro de 1910.)

"Lucheni passou o dia 18 todo dando berros e lançando injúrias e palavras obscenas dirigidas ao diretor e maquinando, provavelmente, seu plano: foi para evitar que lhe tirassem o trabalho de encadernação que imaginou, na masmorra, um simulacro de enforcamento, com seu próprio cinto enrolado no respiradouro, depois de ter arrancado o gancho de chumbagem. Para sua infelicidade, não previu tudo, incluindo-se sobretudo a circunstância fortuita que fez com que sua tentativa frustrasse suas esperanças: Lucheni foi encontrado morto no dia 19 de outubro, às sete horas, enforcado, com o rosto virado para a parede, o pote que lhe havia servido de suporte caído a alguns centímetros ao lado de seus pés. Pode-se estabelecer de modo preciso a hora do óbito. Ele faleceu por volta das 18 horas (às 17h55 ouviu-se um grito forte, provavelmente seu grito de socorro). Ora, ele sabia que uma ronda regular se efetuava às 18 horas precisamente — foi a hora que escolheu para se enforcar (!)

"Alguns minutos antes das 18 horas, o guarda encarregado dessa ronda passou em frente à sua porta, MAS COMO O OUVIU GRITANDO, JULGOU SUA VISITA INÚTIL, e continuou a ronda. Eis a circunstância fortuita à qual Lucheni deve o sucesso inesperado de sua tentativa de suicídio que, segundo o diretor, só deveria ser um simulacro..." (Doutor A. Papadaki, médico-legista, "A alienação mental de um prisioneiro", janeiro de 1911.)

"Se ele ficou entre o céu e a terra, não foi por um acesso de raiva, mas por vontade própria, com a esperança que o descobrissem bem cedo para impedi-lo de virar os olhos, e assim ter um novo artifício ou argumento para ir contra os guardas e ser obedecido e, acima de tudo, o que sempre foi uma glória para ele, fazer falarem dele." (Carta de um co-detento — opinião compartilhada pelo senhor Fernex.)

"Às 18 horas, os guardas da ronda ouvem, outra vez, Lucheni gritar." (Comunicação pessoal do senhor Fernex ao conde Egon Corti.)

"Quarta-feira, dia 19 de outubro, o senhor Fernex desceu à masmorra às 19 horas. Abriu a porta. Os ratos, surpresos, fugiram. Ele recuou e deu o alarme, pois acabava de ver seu pensionista suspenso com o famoso cinto nas barras da lucarna tornadas visíveis pela demolição de parte da parede. O corpo de Lucheni estava enrijecido, suas pernas contorcidas como se tivessem sido viradas; o rosto deformado e intumescido, seus olhos fora das órbitas. Essa visão deve ter sido terrível, pois apenas a lembrança dessa cena, quando evocada pelo senhor Fernex, fazia balançar o corpo do simples empregado tornado Sultão da prisão da diocese com um tremor nervoso que ele tentava conter... Para alcançar as barras de sua lucarna, Lucheni teria sido obrigado a demolir mais de um metro da muralha em declive. Ora, essa "demolição", o detento a fez com as mãos, declarou o senhor Fernex. É materialmente impossível fazê-lo sem picareta nem martelo. Mesmo com um instrumento semelhante, o detento teria feito barulho e, segundo o regulamento, não deveriam nunca perdê-lo de vista." (Y. Fehmi — 1912, visita à prisão da diocese e entrevista com o senhor Fernex.)

"Dizem que o procurador Navazza convocou o diretor da prisão da diocese para ameaçá-lo por ter iniciado perseguições contra ele, em decorrência de rumores que corriam de que Lucheni teria sido 'suicidado' em virtude de seu caráter impossível e suas contínuas reclamações." (Charles Poncet, "O Caso Lucheni".)

"No dia 21 de outubro, senhor Emil-Conrad Padowetz, cônsul da Áustria e Hungria, pediu ao senhor Perrier, diretor da polícia central, autorização para ver o cadáver do assassino, a fim de fazer um relatório para seu governo..." (*Le Journal de Genève*.)

Um exame de suas alegações contraditórias e confusas se impõe:

1. No dias 18 e 19 de outubro, segundo Fernex, Lucheni estava calmo (isso justificava, para o senhor Perrier, sua saída da masmorra); para alguns ele berrava e lançava injúrias; para outros, cantava alegremente.

2. Na opinião de todos, às 17h55 ou 18 horas, ele gritou forte. Era, precisamente, a hora da ronda que, com conhecimento de causa, julgou inútil intervir naquele momento. Em caso de intervenção imediata, Lucheni poderia, talvez, ter sido salvo. O jornal *La Suisse* chegou até a anunciar que ele tinha morrido "entre duas rondas".

3. Lucheni teria escolhido, precisamente, a hora da ronda para seu "simulacro de suicídio". Como ele poderia saber a hora sem relógio, na escuridão total e longe de qualquer barulho exterior? Somos tentados a encontrar uma explicação "sob medida", própria para justificar a coincidência do suicídio e da passagem da ronda, assim como a respectiva não-intervenção...

4. Segundo o doutor Papadaki, Lucheni foi encontrado enforcado "com o rosto virado para a parede"; mas, segundo Fernex, suas pernas estavam contorcidas e seu rosto, visível.

5. Os guardas Becchio e Vannod teriam sido os primeiros a penetrar na masmorra, enquanto o diretor declarou, em 1912, a Fehmi, ter ele mesmo descoberto o corpo.

6. O próprio Lucheni teria arrancado uma dobradiça, uma grade ou um gancho chumbado, no escuro e "apenas com as mãos" (Fernex).

7. Por que Lucheni tinha a sua disposição um cinto?

8. No necrotério médico-legal, o professor Mégevand declarou, após ter examinado o corpo: "Ele não deve ter sofrido muito". Ora, as fotos tiradas após a constatação do óbito — por ele mesmo com a ajuda

do seu ajudante do laboratório, senhor Arlaud — teriam mostrado um rosto deformado pela dor (Y. Fehmi). Nunca, nem o juiz de instrução, J. Peter, nem o advogado, P. Moriaud, puderam obter uma cópia dessas fotografias, por recusa categórica da Administração.

9. O conselheiro do Estado de Vautier (Justiça e Polícia) declarou:

"Tinha discutido, ontem ainda, com meu secretário, senhor Odier, para saber se, no caso de Lucheni ser reconhecido louco, não poderíamos mandá-lo a seu país de origem. Porque ele jamais seria colocado na oficina, constituindo um perigo muito grande para os guardas e os co-detentos. Deveríamos ter a opinião de vários médicos".

10. Na prisão da diocese, tanto o diretor quanto os guardas declararam "estarem felizes em se livrar de Lucheni, preso inconveniente, vingativo e dissimulado".

O representante da Áustria quis, ainda, se assegurar, por si mesmo, da realidade do desfecho.

Sua morte, então, foi para alguns, sob todos os pontos de vista, providencial.

11. Declaração do advogado Pierre Moriaud (advogado e tutor de Lucheni):

"Lucheni se suicidou? Era um infeliz. A notícia não me surpreende. Após o incidente da outra manhã, que me foi contado pelo clérigo, senhor Tissot, já esperava esse desfecho. Nunca mais revi Lucheni após aquela famosa noite (do processo) de 10 de novembro de 1898. Ele nunca pediu para me ver, como nunca pediu que o defendesse".

Segundo o testemunho de Y. Fehmi, Lucheni tinha pedido duas vezes para ver seu advogado, mas seus requerimentos não tiveram resposta. É bem estranho que, na qualidade de seu tutor, o advogado Moriaud não tenha nunca sentido a necessidade de visitar seu cliente durante os doze anos de detenção.

12. O procurador-geral Navazza, que sempre manifestou grande independência de espírito, foi o único a declarar pudicamente: "Não tenho nada a dizer sobre esse epílogo!".

Talvez ele não pensasse mais sobre isso...

Não tiraremos nenhuma conclusão definitiva. Nossa preocupação era a de expor todos os elementos do dossiê.

Apenas constatamos que, antes de sua hora, a morte estava ao fim de um caminho cujo último atalho foi tão acidentado e cujas circunstâncias aceleraram, em direção ao nada, o destino de um incompreendido.

Que se acredite ou não na tese de suicídio, que se declare o óbito por conta do desespero ou de uma conspiração, podemos dizer hoje com certeza... que Luigi Lucheni morreu por ter visto desaparecer a única dignidade que lhe sobrava: sua memória.

Morrer uma Terceira Vez...

> Se você conta a história de um homem que perde a cabeça, você deve mostrar a cabeça cortada, senão é apenas uma brincadeira de infinito mau gosto...
>
> Roman Polanski

Após ter constatado a morte de Lucheni, Fernex avisa imediatamente o senhor Perrier, o procurador Navazza, os delegados Rataly e Marchand, bem como o senhor Sessler, secretário da direção de polícia.

Convocado, igualmente o doutor Blanchard atesta o óbito.

A todos esses olhares se oferece a visão de dois olhos vidrados, com as pálpebras semi-abertas e um pouco vesgos. Lábios carnudos dos quais o sangue se foi, descobrindo o amarelo sujo de uma dupla fila de pequenos dentes, marcando a fisionomia pálida do cadáver. A barba de alguns dias e os cabelos em desalinho completam esse retrato macabro.

Às 21 horas, o corpo é colocado no caixão, ainda vestido com o uniforme carcerário: calça de brim, camisa azul, paletó de burel e babuchas. Deixam-lhe, em volta do pescoço, essa famosa e sólida correia de um metro de comprimento que lhe teria permitido se suicidar. A transferência ao necrotério judicial é supervisionada pelos senhores Perrier e Mégevand. Na salinha de seu laboratório, Mégevand deposita o corpo. Uma pequena mancha deixa-se ver nas maçãs do rosto e no queixo do cadáver, e uma leve contração marca as feições. Será realizada uma autópsia.

Em seguida, o professor avalia que a morte fora bem mais rápida do que aquela por asfixia. "A moldagem do rosto do assassino, feita à perfeição, irá enriquecer a interessante coleção do necrotério judiciário." Esse trabalho de gesso é tão perfeito que se podem distinguir claramente os sulcos deixados pela "cordinha" (*La Tribune de Genève*) que Lucheni usara para "se enforcar".

Mas o trabalho principal ainda estava por fazer: cortar a cabeça do regicida.

Respeitar a paz dos mortos é um princípio fundamental que não se aplica aos assassinos e, forçosamente, menos ainda quando se trata de um Lucheni com muitos motivos para merecer morrer uma terceira vez, após ter sido aniquilado, sucessivamente, pela privação de sua memória e, depois, de sua vida.

Uma vez efetuado esse trabalho, o professor Mégevand começa a serrar de forma circular a coroa da cabeça craniana, a fim de extrair o cérebro. O órgão supremo daquele que cometeu um crime "tão desprezível" deve, certamente, ter uma anomalia da medida de seu ato — tal é o tipo de raciocínio que se tinha ainda nessa época.

As teorias de Cesare Lombroso, ainda que contestadas por uma psiquiatria que começava a se desenvolver, têm entretanto vida longa. Elas permitem explicar, do modo mais simples, o porquê dessas fraturas que fazem tremer a sociedade. A famosa marca inata do crime é procurada, desejada. Se o processo de um tal assassino pode ser resolvido em um dia, a prova de sua predestinação ao crime deveria poder ser verificada em um único instante, sob o escalpelo.

O cérebro é colocado, previamente, em um preparado para endurecê-lo. Através dos meandros dessa gelatina culpada, o distinto professor Mégevand não descobre nada de probatório. A coroa craniana é costurada e a cabeça colocada em um recipiente com formol. Quanto ao cérebro, ele é colocado em um segundo recipiente.

Se considerarmos que os Habsburgos da Áustria vêem também seus augustos corpos esmiuçados após a vida terrestre — enquanto seus corpos vêm guarnecer a Cripta dos Capuchinhos de Viena, seus corações encontram a eternidade na capela de Loreto (Augustiner-Kirche), e suas vísceras na catedral Saint-Étienne —, o destino do corpo de Lucheni pôde mostrar-se parecido. Embora, é bem verdade, tenham os despojos de Elisabeth sido a exceção a essa regra e seu corpo tenha guardado sua integridade!

O necrotério judicial é um pequeno prédio assustador, cinza e triste, criado em 1882. Em 1920, foi construído o novo "Instituto de Medicina Legal", projetado por Louis Mégevand. As relíquias de Lucheni para lá foram transferidas bem como todos os outros elementos provindos das surpreendentes "coleções" montadas pacientemente pelo professor Mégevand. Outras cabeças, tão bem conservadas quanto àquela do cérebro do assassino, maceram em prateleiras cobertas de crânios, testemunhando numerosos suicídios por armas de fogo. Pedaços de pele tatuada compõem, igualmente, a decoração, colados em pranchas onde se pode ler em livro aberto: "Totor para Titine para sempre", "Polyte para Joséphine" etc. Uma quantidade de armas de todo tipo também figura no inventário, bem como lenços, correias, laços, cordões, cordinhas, cordas, encontradas em volta do pescoço de enforcados.

Vitrines contêm numerosas peças anatômicas, entre elas a de uma parte de cabeça vinda de uma mulher assassinada com mais de trinta facadas, horrivelmente mutilada por golpes de sabre.

Um pedaço de pele tirado do pescoço de uma vendedora de tabaco estrangulada na rua do Stand foi conservado. As marcas escuras deixadas pelos dedos do assassino ficaram impressas e aparecem claramente: é a assinatura do crime. Ora, ao examinar de perto a cabeça de Lucheni, percebe-se que o corte fora feito bem rente à cabeça e não se pode ver nenhuma parte do pescoço. O que esse pescoço ocultava? Como o relatório da autópsia de Lucheni desapareceu, somos incapazes de dizê-lo.

Em 1920, a imprensa é convidada pelo médico-legista a visitar o novo Instituto. As "lembranças" de Lucheni são a vedete no museu da casa: "Vista através do líquido levemente colorido que a deforma, a cabeça tem alguma coisa de medonho. Os olhos estão entreabertos e uma leve contração permite deslumbrar uma dentição soberba" (*La Tribune de Genève*).

A prisão da diocese após Lucheni

Após a morte de Lucheni, a calma voltou à prisão da diocese. Porém, menos de um mês depois do trágico acontecimento, o guarda Lée, que era o guarda mais próximo a Lucheni, pede demissão de seu posto.

Em 1914, os últimos prisioneiros são transferidos para as penitenciárias de Witzwil e de Thorberg. Em 30 de setembro do mesmo ano, a prisão é definitivamente fechada. A partir dessa data, diversos serviços administrativos tomaram suas alas e, sucessivamente, um museu da polícia e uma loja de artesanato cantonal.

Antes de ser demolido em 1940, o sinistro edifício foi freqüentemente visitado por um público desejoso de ver os lugares habitados pela lembrança de seu mais famoso hóspede.

Entre os numerosos visitantes aparece o empresário Amoudruz. Apaixonado que é pela história, desde 1925, coleta, junta todos os objetos que lhe parecem dignos de interesse. Nas cidades e nos campos da região, ele sabe desenterrar, verdadeiro conservador da memória coletiva, o que lhe permitirá, um dia, constituir a mais fabulosa coleção a respeito.

A demolição da prisão da diocese é iminente. De noite, acompanhado de alguns operários e sem autorização, ele vai desmontar totalmente a cela nº 68 que Lucheni ocupava na época de sua morte.

A pesada porta da cela com sua impressionante fechadura, seu postigo de grades e sua caixinha removível.

A cama metálica coberta ainda do colchão de palha coberto de um grosseiro tecido listrado em vermelho e branco, sujo. As pesadas correntes fixadas na parede que permitiam dobrar, durante o dia, a cama destinada exclusivamente ao descanso noturno.

O antigo barril de madeira esverdeada e sua tampa articulada. A "caixa de fezes" ainda presente com a borda de seu buraco marcada pela corrosão fecal.

Mas ainda, e sobretudo, a minúscula "escrivaninha" de parede e sua gaveta, na qual Lucheni pôde ler tantos livros e escrever suas *Memórias*. Esse insignificante objeto de madeira foi, sem dúvida, a peça do mobiliário de que o prisioneiro teve mais dificuldade em se separar.

Levado por um impulso, Amoudruz se apossa também da maciça porta da ala B onde, juntamente com outros, tinha sido preso o assassino de Elisabeth da Áustria.

Em suma, o homem leva todo esse material ao subsolo de sua casa, na entrada de uma pequena adega onde ele consegue reconstituir, de forma surpreendente, fiel e eterna, a cela de Lucheni...

Turbilhões Póstumos

Quarta morte de Lucheni

Em 1984, a rádio suíço-francesa convida-me a participar, ao vivo, no Instituto de Medicina Legal, de um programa consagrado ao assassinato de Elisabeth da Áustria.

Dois apresentadores nos mostram, então, um grande objeto coberto com um pedaço de pano. Como uma estátua a ser inaugurada, o objeto é descoberto aos nossos olhos: finalmente, encontro-me — e sem haver procurado — diante do recipiente contendo a cabeça daquele cuja personalidade tinha-se tornado, para mim, tão estranhamente familiar. Um sentimento de mal-estar me invadiu, enquanto o programa continuava normalmente.

Fora do ar, encerrada a transmissão, faço, ainda, ao médico-legista, algumas perguntas informais, às quais ninguém nunca poderá dar uma resposta, sobretudo pelo modo estranho como essa cabeça parece ter sido ceifada do resto do corpo.

Após esse programa, as autoridades genebrinas parecem estar prontas para se livrar de uma das últimas relíquias de Lucheni. De fato, pode-se, decentemente, conservar em Genebra tais restos humanos, sem que surja uma curiosidade doentia? Não. Dessa forma, seria prudente, por exemplo, aceitar a proposta de um museu estrangeiro.

Se esse nobre escrúpulo pode levar a tal decisão, por que não decidiram dar uma sepultura a esse objeto que se tornou embaraçoso?

Ora, de 1984 a 1986, a imprensa tratou do assunto, e ao termo desse turbilhão que, talvez, tivesse sido melhor evitar, será o Instituto de Patologia da Universidade de Viena que herdará a cabeça do regicida, após sua quarta morte genebrina... Uma condição é colocada para a cessão desse macabro vestígio: que ele não seja nunca mais acessível ao público. O adido militar da embaixada da Áustria em Berna vem, então, tomar posse do objeto para supervisionar o transporte ao seu país.

Essa vontade genebrina de se livrar de todas as "lembranças" de Lucheni é bastante perturbadora. Ao longo dos anos, livramo-nos da arma do crime (recuperada igualmente pela Áustria), da máscara mortuária, das fotos tiradas imediatamente após a morte de Lucheni, do relatório da autópsia, das cartas "cruciais" dirigidas por Lucheni a pessoas fora da prisão...

As Escórias do Passado

No fim dos anos 1980, a Suíça é sacudida pelo que se nomeia de "escândalo das fichas". Um bom número de cidadãos honestos descobre que está fichado em Berna, às vezes, por razões totalmente obscuras. Aos que solicitam as fichas em questão, elas são transmitidas, porém, "com rasuras e supressões": as razões do Estado são, assim, impenetráveis.

Na confusão que se instala com essa revelação, Genebra faz a limpeza no seio dos arquivos pertencentes ao Serviço de Informações. A apuração dos documentos acaba em 1987. Seu número passa, assim, de 150.000 no fim da década de 1960 a 80.000 na primavera de 1988. A evolução segue, assim, a corrente da História.

Força de segurança interna e externa do Estado, o Serviço de Informações da polícia genebrina nasceu no início do século sob o nome de Serviço Anarquista (S.A.). O controle de libertários assim como a ação dos primeiros revolucionários marxistas justificavam esse novo arranjo.

Foi nessa época que se estabeleceu o dossiê nº 13.138A com o nome de Lucheni Louis, classificado como "muito secreto" e recebendo a indicação "Segurança". De 1990 a 1995, solicito, em vão, durante minhas pesquisas, consultar "o objeto" que é transferido para os Arquivos de Estado em 9 de dezembro de 1994.

Ainda que a decisão de permitir a consulta pertença, logicamente, ao cantão de Genebra, Berna emite uma diretiva que o torna inacessível durante 35 anos após a data de sua transferência, a saber: até 2030 (132 anos depois do assassinato de Elisabeth...). Diante de minha insistência e com vontade de cooperar, o arquivista do Estado abre, apesar de tudo, o dossiê, a fim de encontrar, ali, as peças "sensíveis" que poderiam me interessar. Aparentemente, não há nada de particular nesse documento.

No dia 3 de outubro e por derrogação, o Conselho do Estado acaba por autorizar os Arquivos do Estado a me mostrarem o tão famoso dossiê...

Constato, por mim mesmo, que ali só figuram peças menores, como um artigo de jornal datando de... 1973!

Tratava-se de um engodo...

Destino Tardio de um Réprobo Obscuro

Numerosas biografias foram consagradas a Elisabeth da Áustria, das quais emergem, indiscutivelmente, duas obras-chave: o livro muito rico do conde Egon Corti, datando de 1935, depois o de Brigitte Hamann (1982).

Esta última abre uma verdadeira caixa de Pandora, apresentando ao leitor o retrato completamente "revisitado" de uma mulher razoavelmente congelada em um mito criado pelo cinema dos anos 1950. O interminável sucesso dos filmes da série "Sissi" com Romy Schneider tinha impedido, até então, que a lenda "açucarada" avançasse em direção a essa realidade portadora de um novo mito, legado pelo recuo de revelações póstumas. No rastro da historiadora austríaca, alguns escritores se inspiraram para ir, talvez, ainda um pouco mais longe em direção à consolidação de uma nova lenda, sem dúvida muito mais próxima da realidade do que a anterior.

Mas, independentemente da biografia, ou da época em que foi elaborada, o personagem de Lucheni aparece apenas furtivamente, como que "esmagado" pelo augusto destino de sua vítima. Ninguém, até aqui, tinha se dado ao trabalho de investigar mais a fundo a propósito de Lucheni. Assim sendo, ele ocupa na história, cem anos depois, um lugar bastante modesto e seu nome só é, muito raramente, associado espontaneamente ao de sua vítima. Ora, César e Brutus, Marat e Carlota Corday, Henrique IV e Ravaillac se tornaram, com o tempo, "casais" indissociáveis.

Outros criadores apresentarão, igualmente, paráfrases do novo mito, como o fizeram alguns coreógrafos: Maurice Béjart (*Sissi, Impera-*

triz Anarquista) e Editta Braun (*Titania*). A imperatriz rebelde acabará até por chegar ao ápice em uma monumental comédia musical em língua alemã intitulada *Elisabeth*.

A partir de 1992, em Viena, esse "musical" de Michael Kunze e Sylvester Levay relega, definitivamente, a antiga lenda de Sissi ao setor de artigos com defeito. A imperatriz heroína se revela amante da Morte. Lucheni, durante todo o espetáculo, é o personagem desencarnado, mas onipresente, desempenhando o papel de *faire-valoir* e de narrador. Finalmente, em algum momento, alguém se digna a fazê-lo existir! Ele é o mediador incontornável que torna possível essa fúnebre realização, ainda que se esqueçam de que ele era um ser de carne e osso capaz, também, de sofrer.

Warum, Lucheni, warum haben Sie die Kaiserin Elisabeth ermordet? (Por que, Lucheni, por que você assassinou a imperatriz Elisabeth?) Assim começa a comédia musical.

Weil Sie es wollte! (Porque foi ela quem quis!) será a resposta.

Ocorre que o libretista se vale exclusivamente de seu instinto para rasgar um canto do véu a essa narrativa cômoda; a resposta proposta é puramente alegórica, e não poderia ser diferente: já que a história ignorava tudo, até então, da personalidade real de Lucheni.

Essa maneira de associar o algoz à sua vítima já havia surgido, com Jean Cocteau, em seu *Águia de Duas Cabeças*, em que ele aborda o mito de uma maneira igualmente amplificada em sentido alegórico, com um perfume de antiga intriga, mas sem nunca, para tanto, pretender aproximar-se com mais franqueza da verdade.

A revelação das *Memórias* recalcitrantes de Lucheni e o novo exame atento de seu destino perturbador, finalmente ligados ao fio trágico de uma infância tão determinante, propiciam, assim, o possível paralelo de seu itinerário com o de Elisabeth.

O Destino com Duas Cabeças

À medida que o tempo passa, a verdade começa a surgir. Foi preciso esperar um século para conhecermos, enfim, as forças factuais e, sobretudo, psicológicas, de um drama que, conforme iremos verificar, dá todo seu sentido a essa famosa noção de *dupla fatalidade*.

1. Incompreendido até escrever

Elisabeth e Lucheni se explicaram frente à posteridade, com sensibilidades curiosamente convergentes. Quando não é possível se fazer entender perante seus contemporâneos, só resta um meio para corrigir os mal-entendidos e não mais estar à mão dos enganos próprios e alheios: escrever.

Mas o duplo e insubstituível material escrito foi escamoteado aos investigadores do passado por razões diferentes. Tinha sido à Suíça que Elisabeth tinha confiado o mais precioso de seus legados, ou seja, 600 páginas de poemas que se tornaram públicos várias décadas após sua morte. E à Suíça cabe também certa responsabilidade pelo fato de as *Memórias* de Lucheni não terem sido publicadas antes.

2. Cultura e sentido teatral

Elisabeth-a-compassiva mostrava uma infinita compreensão em relação ao destino dos indigentes. Ela tinha compreendido claramente que a comida pode não ser a única necessidade dos renegados. Havia confidenciado, no dia 21 de dezembro de 1891, a seu "leitor" de grego, Constantin Christomanos: "As vítimas são as pobres pessoas miseráveis: usurparam-lhes a cultura e, em troca, mostram a elas a civilização ao longe, quase inacessível...". É bem verdade que, para Lucheni, a cultura era ainda mais importante do que a comida da qual foi privado com freqüência.

Vimos que no orfanato de Parma ele vendia, às vezes, seu vinho e sua carne aos aprendizes. Dois dias desse regime lhe forneciam dinheiro suficiente para pagar uma entrada para o teatro.

3. O DESTINO QUE DESMORONA

A algumas crianças sensíveis, o destino impõe, certas vezes, a lembrança de uma data precisa. Uma data após a qual nada mais será como antes e antes da qual a vida parecia nada ter, ainda, de irremediável. É possível que tal momento crucial apareça uma vez ou outra na vida de todos nós, e que eventualmente não guardemos disso qualquer lembrança. Mas não foi esse o caso de Elisabeth, nem do pequeno Luigi.

Tanto para um quanto para o outro, foi a intrusão de uma pessoa em sua existência vulnerável, intrusão de uma única pessoa, capaz entretanto de fazer tudo ruir em um só instante. Com quinze anos e meio para Sissi, no dia 18 de agosto de 1853, e com nove anos para Lucheni, no dia 21 de março de 1882.

Apresentada pela primeira vez a Francisco José, em Ischl, na presença da mãe e da irmã Sophie, Elisabeth se sentiu tão nervosa que sequer conseguia engolir. Não era nela, entretanto, mas em sua irmã que o imperador pensava focar sua escolha.[35] O destino tinha, curiosamente, vestido nossa Sissi de uma cor bastante comum, mas que acabaria por corresponder a uma autêntica peculiaridade exterior, nota escura e repetitiva ao extremo: o preto do luto ia se tornar, a partir de 1889 (morte de Rodolfo em Mayerling), a bandeira permanente de sua alma apátrida, e a marca suntuosa de uma elegância distinta.

Integrados o cenário e a roupa da menina ingênua, o ato podia, então, começar. O intruso transforma o destino de uma criança cândida, abandonando sua pseudopromessa, e ninguém se importa com isso já

35. E finalmente, contrariando as expectativas, foi Sissi a escolhida para se casar com o imperador (nota da preparação).

que se tratava do príncipe *mais-que-encantado,* cujos desejos exerciam força de direito divino.

O pequeno Luigi viu, também, seu destino ruir em um instante. Ele ainda era ingênuo quando um abominável Arlequim, chamado Nicasi, contribuiu para sua transformação ao tirá-lo do orfanato em Parma, sem qualquer recurso. Essa espécie de Thénardier[36] — que não tinha nada de um monarca todo poderoso — colocou, entretanto, a criança sob seu império cujas conseqüências já vimos.

4. Viver sem amor

Viver sem amor... quando essa amarga constatação se instala, é porque a vida cotidiana não transfundiu esse calor misterioso e reconfortante em doses suficientemente importantes, não podendo ser levados em conta alguns vestígios deixados aqui e ali. Quando dois seres vulneráveis começam uma nova vida, cada um de seu lado, antípodas na escala social, é interessante constatar que apenas o amor, esse alimento universal, pode permitir-lhes construir uma carapaça resistente à vertigem da mudança brutal. Mas, na medida em que, dia após dia, o amor não figura no registro das prestações devidas, o caderno de créditos não apresenta, tampouco, esse pequenino detalhe.

Como todas as moças de sua idade, Sissi sonhava simplesmente com o amor, e não com uma estratégia conjugal em que sentimentos e tudo mais seriam programados por reis.

A desgraça se fez progressivamente, à mercê dos constrangimentos da corte, das pressões da sogra, a arquiduquesa Sophie, da separação forçada de seus filhos, e do real fosso psicológico que a separava de um Francisco José que não tinha nada em comum com ela, a não ser o decoro e um profundo respeito.

Quanto ao pequeno Luigi Lucheni, este fora vacinado contra o amor desde o nascimento.

O rigor do orfanato, até a idade de seis anos, a frugalidade vivida na sua primeira família de acolhimento (os Monici) não foram considerados por Luigi, nem mesmo retrospectivamente, como ultrajes à sua sensibilidade de criança. Ser criado de forma dura não constituía para

---

36. Sobrenome de um casal personificado na obra *Os Miseráveis* de Victor Hugo. O casal, à semelhança dos Nicasi, explora crianças (nota da preparação).

ele um obstáculo ao desenvolvimento pessoal: ao contrário, considerou durante toda a sua vida que o pão deveria chegar àquele que dele necessita, e a educação àquele que respeita a autoridade. Ele tinha se apegado aos Monici, a ponto de considerá-los, até os nove anos, seus verdadeiros pais... Independentemente da depravação atribuída a esse casal por Lombroso.

Em contrapartida, foi na casa dos Nicasi — investidos de poder absoluto dado, sem precauções, pela Administração italiana — que, desde a idade de nove anos, o amor fez conhecer seu vazio. A ausência total desse doce sentimento no cotidiano (que não era irremediável até então, entretanto) engendra, assim, a frustração.

Adultos, Elisabeth e Luigi levaram uma vida de que toda a sensualidade estava ausente. Conseqüência, talvez, de uma vida sem amor.

5. Vagar a esmo

O desejo de escapar à respectiva condição de cada um cresceu progressivamente, tanto para Elisabeth quanto para seu futuro assassino. A fuga para o desconhecido se impunha aos dois como a melhor solução. A vontade de colocar um espaço entre si e o próprio passado ia se traduzir para eles em incessantes peregrinações.

6. A relação com Deus

Um elemento maior merece figurar em lugar privilegiado no capítulo das *perturbadoras similitudes* que unem o caráter da vítima àquele de seu algoz: a relação com Deus.

Foi igualmente na infância que tiveram colocadas à prova suas possíveis fibras religiosas.

A mãe de Sissi não tinha inclinação para a fé, dada a educação liberal que havia recebido; quanto a seu pai, como *bon vivant* que era, não se sentia suficientemente inclinado à beatice. Ou seja, a sedução não fora sem dúvida suficiente para que Elisabeth se instalasse, com prazer, nas paisagens da prática religiosa.

No que diz respeito a Lucheni, ele não teve a possibilidade constante de freqüentar a igreja, nem mesmo junto ao arcipreste avaro que se preocupava mais com suas vacas do que com a alma de uma criança que estava a seu serviço, e que *esperava* seus serviços. Durante os doze meses que passou em sua casa, Luigi nunca teve o direito, salvo no dia da Madona (Ferragosto), de ir seja à missa, seja às vésperas. Mesmo em períodos mais remotos de sua infância, no orfanato ou mais tarde, a penúria de preceitos religiosos era absoluta.

Sua notável susceptibilidade de criança ingênua lhe impunha muito rapidamente o espetáculo pungente desses adultos, que não apenas deveriam representar, a seus olhos e de uma maneira positiva, os diferentes arquétipos do poder, mas também as virtudes humanas que se supunha tivessem, em função da própria condição religiosa ou da função no clero. Como, nessas condições, não se desapontar frente à grosseria da impostura?! Como não querer se transformar em escárnio de símbolos tão desvalorizados?! Lucheni conheceu a hipocrisia daqueles que se diziam cristãos estando tão pouco aptos a lhe inculcar o que ele esperava como verdadeira religião. Mesmo o cego, que ele conduzira durante certo tempo, transformava suas homilias em blasfêmias quando um casal o mandava embora sem lhe dar esmola!

O diálogo dos dois com o Céu tomou a forma móvel e caprichosa que o individualismo de cada um ditava.

"Minha salvação não tardará a vir. Espero também que minha consciência queira ganhar essa causa." Essa real abertura de espírito, Lucheni a manifestou na prisão em 1º de janeiro de 1900, quando de um encontro com uma dama que lhe havia escrito alguns versículos do Novo Testamento.

Na véspera do dia de sua morte, 9 de setembro de 1898, Elisabeth consegue, como Lucheni, abrir uma porta ao sentimento religioso que nela dormia, sem que, entretanto, nenhuma certeza o apontasse de fato. À sua dama de companhia, Irma Sztaray, e na perspectiva de uma morte que dizia desejar, ela fez uma edificante declaração, na volta de Pregny e durante esse curto trajeto que resumiu todas as etapas de sua odisséia interior.

"... Talvez me vejas professando uma extrema devoção..."

Mas, pela primeira vez, ela manifestou certo temor dessa passagem.

O testemunho vindo de uma criança abandonada nos relata quanto às conseqüências do desespero em uma alma pura que sofreu do silêncio divino:

"Admito a existência de Deus na medida em que seus poderes são inoperantes: caso contrário, sua conduta seria indigna!".

Em outros termos, sempre que Lucheni se pronunciou a respeito de suas crenças religiosas, nunca manifestou mais do que o profundo despeito daquele que não encontra nenhuma resposta vinda do Deus ao qual ele, contudo, aspirava.

7. O ódio da injustiça

Uma noção central parecia ter, desde sempre, envenenado o espaço mental de Luigi Lucheni: a injustiça.

Desde a mais tenra idade, Elisabeth tinha sido incitada a se preocupar com os pobres, com os doentes, o que convinha perfeitamente a sua natureza calorosa e sensível à injustiça.

Essa outra semelhança de caráter é a conseqüência lógica da extrema vulnerabilidade de duas individualidades confrontadas com o absurdo do mundo que as cercava e que as enviava sem parar aos hiatos perpétuos do próprio destino.

Lucheni considerava as disfunções da Sociedade através do prisma crescente de sua própria experiência de criança infeliz. Seu individualismo vital o fazia reclamar, a gritos fortes, o que a natureza lhe recusava por erro dos homens, e essa exigência queria se situar fora de toda doutrina coletiva que pretendesse instaurar a felicidade. As injustiças fundadoras, ou seja, aquelas que o tinham transformado em assassino, vinham exatamente do fato de alguns indivíduos não assumirem suas responsabilidades.

8. Acabar com a vida

O amor ridicularizado tinha inspirado em Lucheni o ódio, e a injustiça de sua vida inoculara nele o desespero. Ele adquiriu o sentimento pungente de nunca poder livrar sua alma de tais feridas. Essa Natureza, que sabia originalmente justa, fora investida por ele de um espírito destruidor. Ele decidiu, assim, se vingar do absurdo de sua existência por um ato ainda mais absurdo, o de assassinar a anarquia sob a cobertura da Anarquia, de matar a si mesmo matando um outro...

Elisabeth, por sua vez, não parava de arrastar seu sofrimento. Ela nunca deixou de evocar essa mesma Natureza, atenta que estava aos sinais que ela queria lhe dar. Seu sopro destruidor era igualmente invocado, desejado por ela.

9. A catarse

Transformado em espectador de sua própria vida, Lucheni conheceu, após fazer um balanço, a *catharsis*, isto é, certa forma de "purificação".

Ele tinha manifestado a maior indiferença, na época de seu processo, face às informações recolhidas pela justiça segundo as quais sua mãe desconhecida ainda vivia em algum lugar de San Francisco.

Tinha exprimido a mais violenta das amarguras, na prisão, quando em 1901 tinha declarado aos dois psiquiatras que o interrogavam: "Querer descrever minha vida de uma maneira detalhada consistiria em dizer que ela foi indigna de um ser humano. A começar pelo dia em que essa infame (assim devo nomeá-la) me deu à luz para melhor me abandonar em seguida, momento indelével; a partir desse dia, eu já não seria mais um ser humano!".

Mas, em 1907, ele reconsiderou em suas *Memórias* essa observação, percebendo, finalmente, que sua mãe também fora vítima da vida. Suas numerosas leituras o haviam instruído dessa "asfixia social" descrita por Hugo e tantos outros no século XIX. O circuito interno dessa calamidade múltipla não tinha, então, mais segredos para ele. Todas as vendas que o haviam impedido de ter uma justa visão dos problemas estavam, progressivamente, se desfazendo...

O aumento de lucidez que ganhou nesse combate consigo mesmo o fez compreender, claramente, a que ponto os sobressaltos dos "asfixiados" podiam ser patéticos e inúteis. Experimentar dessa vida amarga, tão avara em benfeitorias, deu-lhe ocasião a reconhecer, enfim, o presente que até então avançava mascarado: "Receba, então, ó arma do crime, o reconhecimento que lhe dou pelo serviço que me prestou...".

Pois, nesse instante, tudo se tornou claro: fora preciso esse crime resplandecente para que ele soubesse finalmente *quem* era sua mãe!

Para ele não se tratava mais, doravante, de reprimir um sentimento tão natural como o amor filial. Não havia mais limite para essa emoção nova e formidável que já projetava sua alma bem além das paredes definitivas, em uma comunhão mítica com Louise, em algum lugar nos limbos...

O homem novo se colocou, então, a inscrever, multiplicada ao infinito na parede da sua cela, e gravada com as próprias unhas, a palavra tão doce em todas as línguas: *mamma... mamma... mamma...*

Até o dia em que, no mesmo contraforte de sua Salvação e bem próximo a ele, fixou... *o retrato de Elisabeth da Áustria*![37]

Contemplando, então, o retrato de sua vítima, pouco depois de ter invocado uma mãe sem rosto, ele não exprimiu uma estranha transferência?

Esse tipo de "purificação", descrita em outro lugar e em outros tempos por Aristóteles, Lucheni a tinha, desse modo, encontrado. Mas seremos também tentados a ver um projeto de Redenção: como se, por alguma misteriosa eucaristia, *o sangue derramado de Elisabeth o tivesse aberto ao único amor de sua vida, remédio definitivo à volta em direção do nada*. Podemos deixar de imaginar, nesse estado e nesse tumulto, o apaziguamento póstumo que sentiria aqui uma imperatriz igualmente preocupada, de uma maneira totalmente intemporal, com o sentido de sua própria vida e da sorte intolerável das crianças infelizes?

37. Por ordem do diretor da prisão, o retrato foi logo arrancado da parede, por julgar o ato indecente.

Epílogo

A historiadora Danielle Laplaige publicou em 1989 uma obra notável intitulada *Sem Família em Paris (Órfãos e Crianças Abandonadas no Sena no Século XIX)*. Ela demonstra que a vida de uma criança abandonada naquela época era um romance em potencial, estabelecendo, de maneira viva, detalhada e com imagens, as circunstâncias pungentes de tais abandonos.

Mas ela lamenta, ao fim de seu estudo, que apesar de toda sua pesquisa, não houvesse *nenhuma narrativa autobiográfica de uma criança abandonada em Paris no século passado.*

Tudo se passava, então, em silêncio e sem debate público. A voz dessas crianças era amordaçada pela vergonha, pela resignação e pela revolta surda, e a história delas definitivamente enterrada e escondida.

É dizer o quanto as *Memórias* até aqui inéditas de Lucheni têm também o valor excepcional de um documento de história social *perfeitamente único*, depois das aproximações romanescas de Hugo, Balzac, Malot, Sue, Zola, Dickens.

A infância é, entretanto, um tema recorrente da literatura libertadora, freqüentemente autobiográfica. Mesmo que essas crianças não fossem abandonadas, elas se voltariam assim mesmo, mais tarde, para as infelicidades de seus primeiros anos, pois o olhar retrospectivo seria, então, mais incisivo que o de um adulto: a criança descobre a vida através da sua própria solidão, que age como uma lupa, aumentando desmedidamente as taras da sociedade.

Se fosse preciso, para concluir, resumir em uma só frase o destino de Luigi Lucheni, bastaria uma a se impor, pois saída da pena molhada de sua própria lembrança: "Não sabeis que *o amor desprezado engendra o ódio,* ódio que, pela sua essência, servirá de suporte a todos aqueles que nascem de suas intenções...?".

O Que Aconteceu com Eles?

Charles Léchet: Após ter presidido seu processo, o juiz Léchet não abandonou Lucheni, obcecado que estava pela vontade de demonstrar o complô em volta do crime. Em 25 de abril de 1899, Lucheni lhe teria confessado estar envolvido em uma conspiração da qual participavam os dois italianos observados perto da estação. Ele comunicou essa revelação tardia ao procurador-geral e depois à imprensa, e morreu alguns meses depois, esgotado por tal tarefa.

Georges Navazza: Depois do processo Lucheni, o senhor Navazza recebeu uma alta condecoração do imperador Francisco José, mas não aceitou essa honra por respeitar a carta da Constituição helvética. O imperador lhe ofereceu então uma magnífica lembrança: um esmalte representando a assassinada Imperatriz, em uma moldura de ouro maciço.

Posteriormente, conheceu uma longa e gloriosa carreira (27 anos) no topo do corpo judiciário. Em 1924, ele se retirou do Tribunal, mas manteve seu interesse pela preparação das leis, aceitando participar, em 1938, da Corte de Cassação. Morreu em 1942.

Pierre Moriaud: Paralelamente à sua profissão de advogado com a reputação de arrancar dos jurados inumeráveis absolvições, e após um longo eclipse político, o senhor Pierre Moriaud voltou a participar do Grande Conselho como deputado radical de direita. Apesar de sua reputação de "poderosa verve", acossado pela doença, não teve mais nenhum papel de primeiro plano. Ele foi a imagem típica daquele que não pára de lutar para manter seu ponto de vista. Morreu em 1914, aos 79 anos.

Jean Fernex: Aquele que, até 1893, só tinha sido escrevente no arquivo da Corte de Justiça foi nomeado, em 1914, juiz na Câmara Penal da Infância, após ter dirigido a prisão da diocese, de 1908 até seu fechamento. De 1924 a 1926 ele atuou como diretor e, depois, de 1932 a 1934, como presidente na Câmara de Tutelas. "Possuía um jeito rude e naturalmente severo"; faleceu em 1937 com 67 anos.

Agradecimentos

Se sinto que devo agradecer a alguém em primeiro lugar, é, de verdade, ao saudoso professor Sven Stelling-Michaud da Universidade de Genebra, cuja memória, aqui, reverencio. Ele foi, em 1980, uma das raríssimas pessoas às quais confiei a leitura do manuscrito de Lucheni. Apresento, pois, em forma de homenagem por seu estímulo às minhas pesquisas, as observações sensíveis que me escreveu:

"... É um documento muito emocionante. O quadro que Lucheni faz de sua infância miserável é devastador. Admiro a qualidade de narrador desse homem e estou impressionado pelo que ouso chamar de nobreza do seu espírito. As páginas que ele consagra à mãe são belíssimas. Os julgamentos que faz das pessoas, de seus diferentes 'patrões', são justos, às vezes terríveis, mas nunca marcados de mesquinhez ou ódio. O caráter repressivo da sociedade foi apresentado com realismo e clarividência...".

Em segundo lugar, expresso meu reconhecimento à senhorita Catherine Santschi, arquivista do Estado do cantão de Genebra, pelas facilidades oferecidas a meu trabalho.

Aos Arquivos da Assistência Pública Parisiense, assim como à Direção dos Arquivos de Paris, meus agradecimentos igualmente.

Bibliografia

Fontes não publicadas:

Archives d'État, Genève: "Prisons Ca2 Ca3, Cc12, Cc14, Cc78, Ce7, Ce10, Ce56, Cf124, Cf148".

"Affaires de Lucheni", Cote VA 30 (1991).

Dossiê "Sûreté", nº 13138A.

Assistance Publique de Paris, Naissances 1873, Acte nº 92.

Archives de Paris, Procès-verbal Abandon, nº matr. 45229.

Fontes publicadas:

ADAM, P. "L'Évêché", série de artigos, *Le Journal de Genève*, 1912.

CHRISTOMANOS, C. *Élisabeth de Bavière*, Mercure de France, 1900.

CORTI, CEC. *Elisabeth, die Seltsame Frau*, Styria, 1934.

FAVRE, E. *Ernest Favre (1845-1925)*, Payot, 1927.

FEHMI, Y. *Affaire Lucheni*, Vigot, 1913.

FOREL, A. *Crime et Anomalies Mentales Constitutionnelles*, Henry Kündig, Genève, 1902.

GANDER, P. *De la Maison de Détention au Pénitencier*, Faculdade de Letras, Genève, 1974.

GAUTIER, A. *Revue Pénale Suisse (Procès Lucheni)*, Georg & Co., Basel, 1898.

GRASSET, J. *Demi-fous et Demi-responsables*, Félix Alcan, 1907.

HAMANN, B. *Elisabeth, Kaiserin Wider Willen*, Amalthea, Wien, 1982.

L'Hôpital Saint-Antoine, Assistance Publique, Paris, 1910.

LADAME P, RÉGIS E. *Le Régicide Lucheni*, Archives d'Anthropologie Criminelle, A. Rey et Cie, Lyon, 1907.

LAPLAIGE, D. *Sans Famille à Paris*, Centurion, 1989.

LOMBROSO, C. *Revue des Revues*, nº 21, novembro de 1898.

MELLA, A. *Lombroso et les Anarchistes*, 1896.

METRAY M, KRÜGER A. *Das Attentat*, primeira edição, Kurt Desch, 1970.

MORAND, P. *La Dame Blanche des Habsbourg*, 1963, Perrin, 1979.

NAVAZZA, G. *Procès Lucheni (Réquisitoire)*, Kündig, Genève, 1898.

PAPADAKI, A. "L'Aliénation Mentale d'um Prisonnier", *l'Encéphale*, nº 1, janeiro de 1911.

ROEHRICH, H. *Une Visite aux Prisons*..., Imprimerie Aberlen, 1911.

ROTH, R. *Introduction à une Étude sur le Système Pénitentiaire à Genève au XIXe Siècle*, Mémoire de Droit Pénal, Genève.

SAUVIN, E. *Ernest Favre*, Genève, 1925.

THIELE, J. Elisabeth, *Das Buch Ihres Lebens*, List Verlag, 1996.

TWAIN, M. "The Memorable Assassination", artigo não publicado, 1898, divulgado pela internet, 1996.

ZURBUCHEN, W. *Prisons de Genève*, État de Genève, 1977.

Impressão e acabamento
Imprensa da Fé